공자와 손자,
역사를 만들고 시대에 답하다

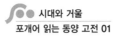 시대와 거울

포개어 읽는 동양 고전 01

공자와 손자,
역사를 만들고
시대에 답하다

문무의 세계를 대표하는 두 거장의 이야기

신정근 지음

시대의창

일러두기

1. 책과 저널 등의 제목은 『 』로 묶고, 단편의 글(논문)이나 그림, 영화, TV 프로그램 등의 제목은 「 」로 묶어 표기했다.

2. 본문 중 『논어』 원전을 인용하고 참고할 경우, 괄호 안에 해당 편과 장을 밝혀 두었으며, 이에 맞춰 우리말 번역으로 필자가 편역한 『공자 씨의 유쾌한 논어』(사계절, 2009)의 해당 쪽수를 함께 밝혀 두었다. 『손자』 원전의 인용과 참고도 같은 방식을 따랐으며, 우리말 번역으로는 유동환 옮김, 『손자병법』(홍익출판사, 2011)의 해당 쪽수를 밝혀 두었다.

우리는 보통 먹고 살아가는 이문利文의 세계에 있습니다. 옛날에 '인문학'을 전공하려고 하면 "돈 안 되는 걸 해서 뭐 하냐?"라고 말했습니다. 세상이 어떻게 되었는지 '이문'에 빠져 있던 사람들이 '인문人文'에 관심을 가지고 기웃거리고 있습니다.

요즘은 인문학을 두고 옛날처럼 적대적인 눈으로 바라보지 않습니다. 이는 사람들이 흔히 인문학을 '돈 안 되는 학문'으로 보았던 예전의 시선과 크게 달라진 변화라고 할 수 있습니다. 그 결과 학문적으로 인문학을 연구하지 않는 사람조차도 인문학에 눈을 돌리고 있습니다. 이에 따라 그 관심은 강연이나 책의 구입으로 이어

집니다. 하지만 인문학에 대한 따뜻한 관심은 아직도 충분하지 않습니다. 혹여 열풍이 반짝 달아올랐다가 언제 식어버릴지도 모르기 때문이죠.

'이문'과 '인문'은 글자로만 보면 자음 'ㄴ' 하나밖에 차이가 없습니다. '이문'에는 'ㄴ'이 하나 없고 '인문'에는 'ㄴ'이 하나 더 있습니다. 저는 개인적으로 한글 자모 중에서 'ㄴ'을 좋아합니다. 바닥에서 등대고 앉을 수 있는 앉은뱅이 의자와 벽처럼 보이기 때문입니다. 이문의 세계에서 고달프고 힘들었다면, 'ㄴ'이 있는 인문의 세계에서는 자신을 돌아보고 살펴보면서 그 안에서 아픔과 기쁨을 느낄 수 있을 겁니다. 잘 하고 합당하게 살아온 것에 대해서 기쁨을 느끼고, 못 하고 부당하게 살아온 것에 대해서 아픔을 느낄 것입니다. 'ㄴ' 하나 차이가 이렇게 큰 것입니다.

인문학에 대한 관심이 바람직하고 의미 있는 사회 현상이라면 그것을 제도적으로 담아낼 수 있는 틀이 필요합니다. 관심이 있다면 누구나 쉽게 인문학에 다갈 수 있어야 하는 것입니다. 정보화 시대의 구호가 한창일 때 정부가 시민에게 컴퓨터 다루는 법을 알려주는 교육 지원 사업을 한 적이 있습니다. 누가 인문학을 공부하려고 하면 컴퓨터 교육의 지원처럼 제도적인 도움을 줄 필요가 있습니다.

저는 일찍이 『웹진 오늘의 선비』(http://www.ssp21.or.kr)에서 몇 가지 제안을 한 적이 있습니다. 최근 기업은 과거와 달리 사업을 추진하면서 법률적 고려와 판단을 하게 됩니다. 사업을 추진하다가 나중에 국내외의 현행법과 충돌하게 되면 막대한 손실을 볼 수 있기 때문이죠. 또한 사람이 제품을 쓰기 편하도록 옛날과 달리 디자인에도 많은 신경을 씁니다.

상품이든 사업이든 모두 결국 사람과 연결됩니다. 천문학적인 비용을 들여서 제품을 개발하고 디자인과 법률의 검토를 충실하게 거치더라도 사람의 심리와 문화 그리고 가치를 고려하지 않는다면, 상품은 사람의 마음을 사로잡을 수가 없습니다. 제품의 기능이 뛰어나고 디자인이 세련되며 법률적으로 문제가 없더라도 생산 과정에서 아동 노동이 있었던 것으로 밝혀지면, 그 제품은 바로 사람들의 냉대를 받게 됩니다. 이런 측면에서 초등학교에 학생들의 안전을 지키기 위해서 보안관을 두듯이 기업 활동의 안전성을 확보하기 위해서 '인문학 보안관제'의 활용을 생각해 볼 만합니다.

지자체나 공공기관들은 인문학 강좌를 개설하면서 여러 가지로 어려움을 겪습니다. 강사 섭외, 주제 설정, 프로그램 기획 등등 하나같이 모두 어렵습니다. 이 때문에 자체적으로 강좌를 개설하느라 우여곡절을 겪기도 하고 외부 기관에 의뢰해서 업무를 대행

시키도 합니다. 사정이 이렇다 보니 해가 지나도 경험과 노하우가 잘 축적이 되지 않습니다.

이와 관련해서 몇 곳의 지자체나 공공기관이 인문학 박사학위자 중에서 '인문 기획관'을 채용하면 좋겠다고 생각해 왔습니다. 일정 기간이 지나면 인문 기획관이 프로그램 운영의 전반을 보고서로 작성해서 유관 기관에 제출하면 좀 더 체계적이며 안정적인 인문학 강좌를 운영할 수 있을 것입니다. 또 여러 기관은 단체별로 자신들의 특성에 맞는 강사진의 풀을 갖추게 되므로 여러 가지 좋은 점이 생기게 됩니다.

이렇게 인문 기획관이 활성화되면 '인문 도시' 또는 '도시 인문학'이 탄생하게 됩니다. 이제 도시는 교통, 상하수도, 재활용 쓰레기, 전기 등 생활에 필수적인 자원을 효율적으로 관리하는 것에 그치지 않고, 문화와 인문학처럼 삶의 의미를 살피게 하는 사고의 자원을 넉넉하게 제공할 수 있어야 합니다.

예컨대 동사무소(주민자치센터) 하나를 짓더라도 고유한 업무 이외에 강좌, 운동, 정보 등 다양한 기능으로 활용할 수 있는 복합 센터를 강화시킬 필요가 있습니다. 즉, 건축과 행정만 있던 곳에 인문학적 설계가 참여한다면 지역에 밀착된 서비스가 가능한 건물을 지을 수 있을 것입니다.

아울러 정부나 지자체는 일회용 인문학 대중화 강좌를 넘어서 연속 강좌 그리고 삶과 밀착된 강좌를 개설하여 평생 교육을 진작시키는 법률의 입안과 제도의 개선에 노력해야 할 것입니다. 최근 인문 정신 관련 법안이 마련되고 있다니 기대가 됩니다. 이는 철저히 지원은 하되 운영은 자율에 맡겨야 합니다. 지원을 통해 통제를 하려고 한다면 안 하니만 못한 결과를 가져올 것입니다.

이러한 인문 도시 또는 도시 인문학의 역사는 송나라 이후부터 활성화된 서원, 향약의 운동에서 그 기원을 찾을 수 있습니다. 예컨대 성리학을 집대성한 주희朱熹(1130~1200)는 50여 년의 관직 생활 중 대부분을 임지에 부임하지 않아도 되는 도교 사원의 관리자인 봉사관奉祠官으로 보냈습니다. 그는 봉사관의 급여로 생계를 유지하면서 서원 활동을 통해 지역 문화의 발전에 진력했던 것입니다.

조선시대의 사대부는 고향으로 낙향하면 서원을 일으키기도 했고, 정치 사건에 연루되어 유배를 가면 훈장으로서 자신이 몸담고 있는 곳을 인문의 고향으로 만들고자 했습니다. 율곡 이이도 황해도 해주에 머물면서 아이들을 가르치기 위해서 『격몽요결擊蒙要訣』을 집필하기도 했습니다.

이제 인문학도 학교의 제도 교육 안에서 잠깐 실시되는 관례로부터 벗어나 지역의 주민과 만나고 평생 교육의 현장과 접점을 찾을 때가 되었습니다. 이때 동사무소(주민자치센터)나 대학교는 시민에게 개방적인 공간으로 거듭날 필요가 있습니다. 이를 통해 인문학이 특정 계층이나 직업을 넘어서 모든 시민과 호흡하는 사고의 자원으로 탈바꿈할 수 있을 것입니다.

동양의 고전도 이제 새로운 시대적 상황에 놓여 있습니다. 사대부(엘리트)가 아니라 시민이 주도하고, 제도 교육이 아니라 평생 교육이 요구되며, 보편어(한문)가 아니라 모국어(한국어)가 일상 생활과 사고의 언어가 되었고, 쇄국의 국수주의가 아니라 개방의 다원주의가 주류를 형성하고 있습니다.

이제 동양 고전은 소수의 전문가만이 독식하는 학문으로만 군림할 수 없습니다. 전문가와 초보자 사이를 매개할 수 있는 준전문가가 많이 나와야 합니다. 그래야만 준전문가의 언어가 초보자에게 더 쉽게 더 절실하게 다가갈 수 있는 길이 열리게 될 것입니다. 전체적으로 보면 이것은 동양 고전이 보다 더 많은 사람의 사랑을 받을 수 있는 길입니다.

『논어』와 『손자』는 2000년대의 인문학 열풍이 불기 이전부터 꾸준히 사랑을 받아온 책입니다. 인문학 열풍이 불면서 그 사랑이 한층 더 거세지고 있습니다. 고전을 읽는 가장 좋은 방법은 뭐니 뭐니 해도 원전을 직접 보는 것입니다.

하지만 현실은 그렇게 녹록치 않습니다. 세대에 따라 차이가 나겠지만 어떤 세대는 한자와 한문에 익숙한 반면, 어떤 세대는 한문은 고사하고 한자조차 외계 언어로 느낍니다. 이런 상황에서 무턱대고 원문을 읽으면 좋다는 '원전 타령'을 할 수가 없습니다. 이런 점에서 원전을 직접 보는 두려움을 줄여 주면서 원전으로 나아가는 안내자 역할의 글이 필요하다고 할 수 있습니다. 이 책이 쉽지도 어렵지도 않으면서 적절하게 원전으로 나아갈 수 있는 역할을 맡게 되기를 바라마지 않습니다.

또 한 해를 보내며
여여 신정근 씁니다

손자, 시대에 답하다

문무의 세계를 대표하는
두 거장의 이야기

문무文武는 동아시아 사람들이 세계를 바라보는 프레임이었다. 문무는 세계 질서를 창출하고 형성하는 두 가지 축이기 때문이다.

구체적으로 말하면 문과 무는 각각 문화(학술)와 무예(무술)의 영역을 가리킨다. 달리 말하면 무는 물리적인 힘으로 짧은 시간 안에 질서를 인위적으로 만들어 내고, 문은 정신적인 힘으로 느린 흐름 속에서 질서를 가꾸어 낸다.

공직자들은 문관과 무관으로 구분되고, 지배 집단인 양반은 문반과 무반으로 분류되며, 사회 진출의 경로는 문인과 무인으로 양분되었다. 문무백관은 공직자를 아우르는 말이었다. 무덤 앞의 석상도 문인석과 무인석으로 배치되었다. 춤의 영역도 문무와 무무로 나뉘었다. 덕성은 문덕과 무덕으로 나뉘었고, 학문은 문도와 무도로 구분되었다.

관제에 따라 문관과 무관이 교대하는 문무교체가 있었고, 시대는 문무겸전文武兼全을 요구했다. 하지만 세계 질서를 바라보는 창은 문과 무로 뚜렷하게 나뉘어져 있었다.

공자와 손자는 각각 문과 무의 한 세계를 뚜렷하게 일구어 냈다. 그들은 춘추시대의 끝자락에 활약하면서 전해 내려온 전통과 개인의 통찰을 종합하여 문학文學과 무학武學을 종합해 냈던 것이다. 그 결과 사후에 둘은 각각 문성文聖과 무성武聖(또는 병성兵聖)으로 존중을 받았다.

실제로 『논어』와 『손자』를 읽어 보면 공자와 손자는 후대 사람들의 프레임으로 고착화된 모습과 다른 모습으로 다가온다. 그들은 문과 무를 겸전하려고 했지 문과 무를 완전히 별개인 양 떼어 놓으려고 하지 않았다. 아니 두 사람은 각기 다른 빛깔과 방식으로 문과 무를 결합시키려고 했던 점에서 그 위대성을 드러낸다고 할 수 있다.

❖ 공자식 문과 무의 종합

두 사람 중에 공자는 무도武道 또는 병법兵法을 멀리했다는 혐의를 받아왔다. 아마 『논어』의 다음 구절에서 오해가 생겨났으리라 생각된다. 공자가 이상을 펼치기 위해서 천하를 돌아다니던 중 위나라에 머물렀다. 영공靈公은 공자를 만나서 대뜸 진법陣法에 대해서 물었다.

공자는 이 말을 듣고서 한 가닥의 희망이 끊어지자 다음처럼 말했다. "나는 제기를 차리는 일은 들어본 적이 있습니다만 군대를 운용하는 일은 아직 배우지 못했습니다."(「위령공」1(396); 신정근, 596) 공자는 이렇게 대답하고서 이튿날 바로 위나라를 떠났다.

영공과 공자의 대화 장면을 보면 공자는 분명히 진법을 다루는 군사에 별다른 흥미를 가지지 못한 것으로 보인다. 이에 따르면 공자가 문도만을 중시하고 무도를 경시했다는 생각을 가질 만하다. 하지만 『논어』를 보면 이런 생각이 오해라는 것이 금방 드러난다.

제나라 진성자陳成子가 간공簡公을 살해했다. 공자는 이 소식을 듣고서 노나라 애공哀公을 만나서 제나라를 토벌하자고 건의했다. 애공은 자신에게 실권이 없으니 노나라 실력자인 세 대부大夫의 집안을 찾아가보라고 했다. 공자는 애공의 말대로 세 집안을 찾았지만 군사 개입이 불가하다는 이야기를 듣고서 제나라의 일에 대해 손을 놓게 되었다.(「헌문」22(370); 신정근, 559)

신하의 군주 살해는 당시 세계를 지탱하는 근본 질서를 허물어뜨리는 대역죄이다. 이 죄를 처단하지 못하면 다른 죄를 지은 사람에게 엄격한 책임을 물을 수가 없게 된다. 따라서 공자는 제나라의 시해 사건을 남의 일이라 모른 척하지 않고 군사 개입을 통해서라도 사태를 바로잡으려고 했던 것이다. 공자가 무도에 관심이 없었다면, 제나라의 '토벌'을 끄집어내지 않았을 것이다.

또 제자 자로가 공자더러 삼군의 사령관이 된다면 누구를 보좌진으로 삼겠느냐는 질문을 던진 적이 있다. 무도 또는 병법에 관심이 없다면, 공자는 자로에게 "쓸데없는 질문을 한다!"라며 타박을 주었을 것이다. 하지만 공자는 사령관이 된다고 한다면 꾀(전략)를 잘 내는 사람과 함께하지 맨손으로 호랑이에게 덤벼드는 사람과 함께하지 않겠다는 뜻을 분명히 했다.(「술이」 11(162); 신정근, 274)

공자는 모든 문제를 무력으로 해결해야 한다는 전쟁 만능론자는 아니었다. 그렇다고 그는 모든 전쟁을 범죄로 보고 전쟁을 무조건 피해야 한다는 전쟁 기피론자도 아니었다. 그는 군사 개입으로 문제를 해결할 수 있다면 그렇게 해야 한다고 보았다. 이렇게 보면 공자도 나름대로 문무병용文武竝用을 주장한 것으로 볼 수 있다.

그렇다면 공자는 문과 무의 관계를 어떻게 설정했을까? 그는 무에 대한 문의 우위를 긍정했다. 이러한 입장은 노나라 대부 계씨季氏가 자신의 세력을 키우기 위해서 속국에 해당되는 전유顓臾를 공격하려는 것에 반대하는 공자의 말 속에서 잘 나타나고 했다. 그는 전쟁으로 상대의 의지를 꺾기보다는 문덕文德, 즉 인문(학)으로 상대의 마음을 변화시키라고 요구했다.

"먼 곳의 사람들이 복종하지 않으면, 우리가 문화와 고상함의 수준을 제고시키고 널리 선전하여 그들을 우리 쪽으로 오고 싶게 만든다. 그들이 이미 이곳으로 찾아왔다면 편안하게 해주어야 한다."[1]

공자는 벌伐과 문덕의 길을 대비시키고서 자신은 문덕으로 나아가겠다는 점을 분명히 하고 있다. 이런 점에서 보면 공자는 무도의 길을 배제하지는 않지만, 끝까지 문덕의 길을 고수하는 인문 정신을 보여주고 있다.

◆ 손자식 문과 무의 종합

손자도 공자에 못지않은 오해를 받아왔다. 손자가 병법을 이야기하는 만큼, 그는 인문학과 거리가 멀거나 전쟁 승리를 위해서 수단과 방법을 가리지 않는 냉혈한이라고 여겨졌다. 대량 살상을 하는 전쟁의 특성을 고려한다면 이러한 이미지가 전혀 터무니없는 것이라고 할 수는 없을 것이다.

하지만 이 이미지는 실제 전장에서 겪게 되는 고통과 전쟁 이론에서 추구하고자 하는 방향을 구분하지 않는 데에서 생기는 잘못이다. 손자는 『손자』의 제일 첫 문장에서 다음처럼 말했다.

---

1) 「계씨」 1 (438) "故遠人不服, 則修文德以來之, 旣來之, 則安之."(신정근, 644)

"군사 문제는 국가의 중요한 일이다. 죽느냐 사느냐가 갈리는 땅이고, 살아남느냐 망하느냐가 갈리는 길이다. 이러니 군사 문제를 세밀히 살피지 않을 수가 없다."[2]

첫 문장을 보면 먼저 손자가 과연 전승을 기획하고자 하는 병법서를 썼는지 의심이 들 정도이다. 그는 제일 먼저 전쟁 승리를 거두는 요인이라든가 전쟁 패배를 피하는 비결을 말하지 않고 있기 때문이다. 아울러 전쟁이 가져오는 사회적 영향력을 강조하면서 전쟁을 함부로 벌여서 안 되는 것으로 분명히 말하고 있다.

이렇게 보면 손자도 전쟁 이외의 모든 방법이 통하지 않을 때에 전쟁을 고려하고 전쟁을 고려하면 반드시 이길 수 있는 길을 찾으려고 했던 것이다. 이로써 손자가 전쟁광이나 호전론자가 아닐까라는 의구심을 완전히 벗길 수 있게 되었다.

손자는 신전론愼戰論의 바탕 위에서 전승의 원칙으로 오사칠계五事七計를 제시했다.(「계」) 이를 보면 오사 중의 네 번째로 장수, 즉 지휘관의 품성을 꼽고 있다. 그는 지휘관이라면 당연히 "지智, 신信, 인仁, 용勇, 엄嚴"해야 한다고 보았다.(「계」; 유동환, 66) 즉, 상황을 종합하는 지적 능력이 있어야 하고, 공과에 대한 상벌을 공정하게 처리한다는 믿음을 주어야 하고, 장병의 고통과 처지를 이해하고

---

2) 「계」: "兵者, 國之大事. 死生之地, 存亡之道, 不可不察也."(유동환, 62)

보듬을 줄 알아야 하고, 위기에 닥치더라도 당황하지 않고 침착하게 용기를 발휘해야 하고, 군령을 집행하면서 온정을 피하고 엄격하게 처리해야 한다.

공자는 위기의 상황에서 군사, 식량보다도 상호 신뢰를 강조하면서 신뢰를 통해서 사람이 서로 가까워지는 화합의 가치를 역설했다. 손자는 공자가 그렇게 중시했던 인仁을 장수의 핵심 품성으로 열거하고 있다. 물론 그의 인이 공자의 그것과 완전히 일치하지 않는다. 그렇지만 그는 공자의 핵심 가치를 쓰면서 어떠한 주저함도 없다.

아울러 손자는 실전만이 아니라 전쟁의 전후前後에도 많은 관심을 두었다. 전전戰前은 실전의 승리를 일구기 위한 만반의 준비를 갖추어야 한다는 점에서 중요하고, 전후는 승리 이후에 민심을 수습하고 반감을 줄이기 위해서 중요할 수밖에 없는 것이다.

이런 맥락에서 손자는 물리력이 직접적으로 충돌하는 공성전攻城戰보다는 싸우지 않고 이기는 전략전戰略戰을 높이 평가했다. 이것은 결국 이기고 나면 적의 전력이 나의 전력이 되는 만큼 아군의 피해만이 아니라 적의 피해도 최소화시키고자 했던 것이다. 여기에는 전략적 고려만이 아니라 인간애의 고려도 들어 있다고 할 수 있다.

◆ 공자와 손자의 차이

지금까지 공자와 손자의 문무 세계를 살펴보았는데, 둘 사이에는 차이점만이 아니라 공통점이 있다는 것을 알 수 있다. 그들은 문과 무의 극단을 걸어간 것이 아니라 각자의 입장에서 문과 무를 종합시키고자 했던 것이다. 이것은 두 사람의 공통점이라고 할 수 있다. 공자의 '문질빈빈文質彬彬'(문질의 유기적 결합)이라는 표현을 빌린다면, 문무빈빈文武彬彬으로 정리할 수 있다.

하지만 두 사람은 엄연한 차이점을 지니고 있다. 공자는 문의 입장에서 무를 포섭하려고 했고, 손자는 무의 입장에서 문을 포섭하려고 했다. 즉, 공자의 입장이 문선무후文先武後라면, 손자의 입장은 무선문후武先文後라고 할 수 있다.

우리는 공자와 손자의 차이를 어떻게 설명할 수 있을까? 우리는 이 대답을 전국시대의 상앙商鞅이라는 제3자의 시각에서 확인할 수 있다.

진시황은 여불위呂不韋(?~235 BC), 이사李斯(?~208 BC), 몽염蒙恬(?~209 BC) 등과 함께 전국시대의 분열을 끝내고 통일 대업을 달성했다. 이 통일 대업도 상앙과 효공孝公(재위 361~338 BC)의 사전 작업이 있었기 때문에 가능했다고 할 수 있다. 『사기』 「상군열전」을 보면 상앙과 효공이 어떻게 만나서 훌륭한 파트너가 되는지를 마치 소설처럼 잘 묘사하고 있다.

◆ 상앙과 진나라 효공의 파트너십

「상군열전」을 읽고 나면 사마천은 어떻게 진나라 궁정의 비사秘史까지 알 수 있었을까 하는 의구심이 든다. 이런 비사를 기록한 글이 있었을까 아니면 사마천은 어느 정도 사실에다 허구를 덧보태는 '팩션faction 역사'를 썼던 것일까?(나는 후자라고 생각한다. 이에 대해서 다른 기회에 이야기하기로 하자.)

상앙은 진나라 사람이 아니라 원래 위衛나라 공족 출신이었다. 젊어서 실력을 쌓은 덕택에 그는 위魏나라 재상 공숙좌公叔座의 참모가 되었다. 공숙좌가 병이 들어 목숨이 오늘 내일 하자 위나라 혜왕惠王이 문병을 와서 물었다. "당신이 일어나지 못한다면 누가 사직(국가)을 지탱할 수 있을까요?" 공숙좌는 평소 상앙을 유심히 관찰했던 터라 주저 없이 상앙을 추천했다. 아울러 상앙을 쓰지 않으려면 그를 죽여서 국경을 넘어가지 못하게 하라고 거듭 당부했다. 공숙좌는 그만큼 상앙의 인물됨을 간파했던 것이리라.

하지만 혜왕은 이 말을 듣고서 공숙좌가 제정신이 아니라 생각하고서 그냥 넘어갔다. 공숙좌는 상앙을 불러서 자신이 혜왕과 나눈 이야기를 전해주며 도망갈 것을 권했다. 상앙은 혜왕이 공숙좌의 말을 믿지 않고 아무런 조치를 취하지 않으리라는 것을 알고서 그냥 위나라에 남아 있었다.

그런데 공숙좌가 죽은 뒤에 진秦나라가 천하의 인재를 구한다는 포고령을 내렸다. 이에 상앙은 드디어 위나라를 떠나서 진나라로 갔다. 막상 진나라로 오긴 왔지만 상앙은 효공을 만날 길이 까마득했다. 그는 효공의 신임을 받는 내시 경감景監의 주선을 받아서 어렵사리 효공을 만날 수 있었다. 목적이 분명하지만 낯선 사람끼리의 첫 만남이었다. 상앙은 효공이 어떤 의지를 가지고 있는지 몰랐고, 효공도 상앙이 무슨 계획을 가지고 있는지 몰랐다.

상앙은 첫 만남에서 꽤 오랫동안 이야기를 나누고 자리를 떴다. 첫 만남 뒤에 효공은 경감을 불러서 망령된 사람의 만남을 주선했다며 호통을 쳤다. 경감은 다시 상앙을 만나서 무슨 말을 했는지 물었다. 상앙은 황제黃帝와 같은 오제五帝의 이야기로 진나라를 발전시키는 방략을 이야기했던 것이다.

상앙은 주저하는 경감을 졸라서 닷새 뒤에 다시 효공을 만나게 되었다. 결과는 마찬가지였다. 회담 뒤에 효공은 경감을 불러 쓸데없는 사람을 만나게 했다고 책망했다. 이번에는 상앙이 효공에게 주나라 문왕文王과 같은 삼왕三王의 이야기로 진나라를 발전시키는 방략을 이야기했지만 효공이 공감하지 못했던 것이다. 상앙은 경감을 졸라서 효공을 세 번째 만나게 되었다. 이 만남에서 효공은 상앙의 이야기에 공감하기는 했지만 완전히 신뢰하지는 않았다. 상앙은 효공에게 제齊 환공桓公과 같은 오패五覇의 이야기를 했던 것이다.

이쯤이면 효공은 싫증을 낼 만도 하지만 기어이 네 번째로 상앙을 만났다. 이제 상앙은 효공의 의중이 어디에 있는지를 이미 파악했던 터라 곧바로 부국강병富國强兵의 프로그램을 제시했다. 효공은 여태껏 상앙을 만나면서 등을 뒤로 기대앉은 채 무심했지만, 이번에는 자신도 모르는 사이에 몸을 앞으로 기울이고 말았다.

효공은 상앙을 네 차례 만나면서 왜 그때마다 다른 태도를 보였을까? 또 효공은 상앙 한 사람을 네 차례 만나면서 그에 대한 태도를 180도 확 바꾸게 되었을까? 상앙은 몹시 궁금해 하는 경감에게 자신이 들은 효공의 말을 전해주었다.

"오제와 삼왕의 길은 좋지만 효과를 보기에는 너무나 길고 멀어서 나는 기다릴 수 없소. 현명한 군주는 자신이 자리에 있을 때 세상에 이름을 떨치려고 하는 법이요. 어찌 답답하게 수십 년, 아니 수백 년을 기다려서야 제왕의 대업을 성취한다면 누가 그것을 좋아하겠소?"

결국 시간이 문제였던 것이다. 이것은 효공만이 그런 것이 아니다. 『맹자』 제일 첫 문장에도 맹자와 양 혜왕이 만나는 장면이 나온다. 양 혜왕은 부국강병의 길을 말하고 맹자는 인의仁義 도덕의 길을 말했다. 예상했겠지만 맹자와 양 혜왕은 상앙과 진 효공처럼 훌륭한 파트너가 되지 못하고 헤어졌다. 둘이 헤어진 데에는 정치 노선의 차이도 있었겠지만, 그 안에 결국 시간의 문제가 내재되어 있었던 것이다.

군주의 입장에서 보면 개인적으로 자신의 이름을 역사에 남기고 싶고, 또 그런 만큼 빨리 효과를 볼 수 있는 길을 찾게 되어 있다. 이것은 이름 문제만이 아니다. 약육강식의 상황에서 살아남으려면 국가의 군사력을 즉각 끌어올릴 수 있는 길이 중요하지, 몇 년 뒤의 성과는 눈에 들어오지 않는 것이었다. 프로야구로 이야기한다면 트레이드를 통해 당장 써먹을 수 있는 즉각적인 전력 보강이 필요하지, 몇 년이 걸리는 2군 선수의 육성이 중요하게 느껴지지 않는 것이다.

상황이 이렇다면 공자와 손자는 상앙과 진 효공 사이에 있었던 시간의 문제에 대해 어떤 대답을 내놓을까? 손자는 상앙이 말한 네 번째 이야기처럼 '빠른 효과'에 공감할 것이다. 반면 공자는 어떨까? 공자도 이와 관련해서 자신의 속마음을 터놓고 말한 적이 있다.

"만약에 말인데 누가 나를 발탁해 줄 경우 계절의 변화가 한 바퀴 끝날 즈음 가능성이 보이고, 그렇게 세 차례를 되풀이하면 뭔가 눈에 띄는 성취를 이룰 텐데."[3]

공자도 손자나 상앙과 진 효공이나 양 혜왕과 비슷한 시대를 살아간 만큼 시간의 문제를 모른 체 할 수는 없었다. 최소한 1년의 시간 그리고 최대한 3년의 시간이 있으면 공자는 자신이 추진하는

---

3) 「자로」 10(328): "苟有用我者, 期月而已可也, 三年有成."(신정근, 507)

정책의 효과를 볼 수 있다고 했던 것이다.

◆ 제자백가의 사상과 사회적 효과

당시 사람들은 공자의 길보다는 손자의 길 또는 상앙의 길이 현실의 요구에 부합한다고 생각했다. 하지만 『사기』「공자세가」에 보면 공자가 노나라의 대사구大司寇(오늘날의 법무부 장관)가 되자 이웃 제나라가 긴장할 정도로 노나라의 국정이 일신되었다. 제나라는 이를 견제하기 위해서 일종의 집단 가무단인 여악女樂을 보내서 노나라 지도부를 타락으로 이끌었다고도 한다.

그렇다면 공자의 길도 분명히 '빠른 효과'를 거둘 수 있었을 텐데 춘추전국시대의 사람들은 왜 손자와 상앙의 길을 선택했을까? 도대체 무슨 이유로 그랬을까? 이것은 공자가 강하게 묻고 싶었던 질문이었다. 효과가 빠른가 느린가 하는 시간의 체감은 객관적인 측면과 주관적인 측면이 있기 때문이다.

객관적인 측면으로 보면 공자의 길과 손자·상앙의 길이 차이나지 않을 수도 있다. 손자와 상앙의 길이 아무리 빠른 효과를 거둔다고 하더라도 절대적인 시간을 필요로 하기 때문이다. 예컨대 상앙이 변법變法, 즉 사회 제도를 개혁하여 기득권을 억누르고 백성들의 지지를 끌어내려 하는 일도 결코 하루아침에 이루어지진 않는다.

주관적인 측면으로 보면 비밀이 풀릴 수 있다. 우리가 달리는 기차에서 차창 너머를 바라볼 때, 자전거를 타고 가면서 주위를 볼 때, 걸어가면서 주위를 돌아볼 때, 공원의 벤치에 앉아서 주위를 돌아볼 때, 객관적인 시간은 등속도로 움직이지만 주관적인 시간은 각각 다르게 느껴진다. 공원의 벤치에 앉아 있을 때 시간은 느리게 가고, 달리는 차창 너머를 볼 때 시간은 빠르게 지나간다.

공자와 손자의 시대에 사람들은 주관적인 시간의 엄청난 압박에 시달렸다. "언제 죽을지 모르고, 적이 언제 쳐들어올지 모르고, 사람들이 언제까지 나를 따라줄지 모르고……. 모든 것이 빛의 속도로 지나가고 있는데 나는 지금 여기서 무엇을 하고 있는가?"라고 생각하면서 초조해 했다.

뭐라도 하고 있으면 심리적으로 안정이 되지만, 그렇지 않으면 불안하고 위태롭게 느껴진다. 그러나 이런 주관적인 시간에 대한 상이한 체감은 제자백가의 다양한 길을 가능하게 만들었다. 그리고 현실은 그 다양한 길 중에서 '빠른 효과'를 가져 오리라고 추측되는 손자와 상앙의 길을 선택했던 셈이다. 이 때문에 '느린 효과'를 가져 오리라고 추측되는 공자의 길은 춘추전국시대에 주목을 받지 못했던 것이다.

그런데 모든 시대가 춘추전국시대처럼 빠른 효과를 요구하지는 않는다. 사회가 안정되면 상황에 따라 바뀌지 않는 근본적인 길을 찾게 된다. 이에 따라서 한제국의 수립 이후에 느리지만 확실한 공자의 길이 주목을 받게 되었다. 중국의 역사를 전체적으로 보면 시대 상황에 따라 공자의 길과 손자의 길은 부침을 거듭했다. 그리고 그 과정에서 두 사람은 각각 문의 길과 무의 길을 대변하는 거장으로 추앙을 받았다.

공자,
역사를 만들다

공자는 왜 현실에서 실패하고
역사에서 살아남았는가

천자天子의 나라 주나라는 자신의 군사적·정치적 안정을 위해서 140개국에 이르는 제후를 분봉했다. 제후의 나라는 제각각 황하黃河 중하류에 분포해 있으면서 평소 각지에 주족周族의 지배를 확대하며 유사시에 천자의 나라를 수호하는 울타리 역할을 했다.

춘추시대에 이르면 천자를 대신해서 오패五覇는 이민족의 침입에 시달리는 중원 지역의 질서를 수호했다. 즉, 천자를 높이고 이민족을 물리친다는 존왕양이尊王攘夷가 목표였다. 오패는 다른 제후국에 비해 상대적인 군사적 우위를 바탕으로 동맹 체제를 이끄는 수장이었지만, 상황에 따라 패자는 계속 바뀌었다.

◇ 춘추전국시대의 과제, 자기 보존의 논리

전국시대에 이르면 제후의 나라들은 주나라의 존재를 의식하지 않고 확실한 독립 국가로서 경쟁 체제에 들어서게 된다. 140개국에 이르던 제후국은 주로 전국 칠웅七雄의 나라에게 하나씩 병합되었다. 칠웅은 군소 나라를 멸망시키고 자국의 행정 단위로 만드는 멸국치현滅國置縣을 실현했다.

이렇게 보면 춘추시대에서 전국시대에 이르는 과정은 결국 누구도 자국의 안위를 책임지지 않으므로 스스로 살아남아야 하는 시련의 연속이었다. 국가 운영을 책임지는 자라면 누구라도 자기 보존self-preservation을 위한 자구책을 강구하지 않을 수 없었다. 이에 대한 회답으로 변법變法, 부국강병富國强兵 등이 제시되었다.

변법은 세습 귀족 위주의 상태에서 귀족의 권익을 축소하고 평민의 권익을 보장하는 방향으로 사회 제도를 개혁하는 운동이었다. 부국강병은 형식적 수장에 불과했던 군주가 일국의 생존을 도모하기 위해서 강한 권력을 행사하면서 경제력과 군사력의 강화를 추진하려는 정책이었다.

공자는 자기 보존의 논리가 판을 치고 우승열패優勝劣敗의 상황이 심화하는 시공간에서 살았다. 그의 조국 노나라는 대외적으로 동쪽에 제나라, 남쪽에 초나라, 북쪽에 진晉나라에 둘러 싸여서 약소국의 비애를 느끼고 있었다. 아울러 노나라는 대내적으로 군주가 주도권을 쥐고서 국정을 운영하지 못하고 삼가三家라고 불리는 세 가문의 대부大夫가 정권을 농단하고 있었다.

따라서 노나라에 태어난 사람이라면 한번쯤 제후의 공실 권력을 회복시켜야 할지 아니면 대부의 현실 권력을 인정해야 할지 고민하지 않을 수가 없었다. 아울러 이웃 강대국의 간섭을 벗어나서 독자적인 세력을 어떻게 구축할 것인지 숙고하지 않을 수가 없었다.

◇ 공자는 성공했는가, 실패했는가

공자도 조국에서 실망을 하고서 기나긴 15여 년의 망명을 떠나기 전까지 국정에 참여하여 노나라의 국정을 쇄신시키고자 노력하여 성과를 거두었지만, 이웃 제나라의 간섭으로 중도에 그만두어야 했다. 또 노나라의 권력을 삼가에서 공실로 돌리기 위해서 군사적 대결을 서슴지 않았다. 이 모든 노력이 좌절되었을 때 공자는 노나라에서 희망을 찾지 못하고 다른 나라에서 꿈을 일구기 위해서 망명 아닌 망명을 떠났다.

공자는 제齊, 위衛나라 등을 다니면서 거의 등용될 뻔하다 없던 일이 된 경우도 있었지만, 그 어디에서도 바라는 기회를 얻지 못했다. 그렇게 국외를 떠돌다가 만년에 조국으로 돌아와서는 더 이상 현실의 정치 참여를 시도하지 않았다. 대신에 그는 전승되어온 옛 문헌을 정리하고, 그 의미를 제자들에게 가르치는 교육에 전념했다.

우리가 현실의 정치 참여와 그로 인한 업적을 기준으로 보면 공자의 인생은 분명 실패라고 할 수 있다. 그러나 공자가 현실 정치에 참여하지 못했더라도 다른 사람들이 그를 대신해서 그의 사상을 정책으로 추진할 수 있었다. 예를 들어 제자 자유子游는 무성武城의 책임자가 되어서 공자가 평소에 강조했던 예악의 정치를 구현했다. 공자도 실제로 무성을 방문해서 그 실태를 살핀 적이 있다.(「양화」 4(455); 신정근, 680) 물론 공자는 한 지역이나 한 국가를 맡아 치민治民하는 기회를 갖지 못했다. 이렇게 보면 공자는 실패했지만 제자를 통해 대신 성공했으므로 절반의 실패라고 할 수 있다.

전체적으로 보면 공자는 당대에 정치적으로 완전히 실패했다고 할 수는 없겠지만, 분명 시대의 주류도 될 수 없었다. 성공과 실패 중 하나만을 말하라고 한다면 공자는 실패했다고 할 수밖에 없다. 그런즉 공자의 사상은 그의 사후에 서서히 잊혀서 시간이 지나면 완전히 자취를 감추게 되는 게 정상이었을 것이다.

齊景公問政於孔子
孔子曰政在節財公
欲封以尼谿之田晏
嬰進曰夫儒者滑稽
不可以軌法倨傲自
順不可以為下君欲
用之以移齊俗非所
以先民也後景公謹
孔子曰吾老矣不能
用也孔子遂行

遂・去魯
欵・就齊
所希行迫
扵以濟時
田不可封
仕不可苟
接漸而行
富貴何有

안영저봉晏嬰沮封_안영이 등용을 막다
김진여金振汝, 1700, 비단에 채색, 32×57cm, 국립중앙박물관

공자가 노나라를 떠나서 제나라로 갔다. 제나라 경공景公은 공자를 만나고서 그를 중용할
뜻을 비쳤다. 당시 노나라 재상이었던 안영晏嬰은 유학자들이 매끄러운 말을 하지만 믿고
따를 수 없는 말을 늘어놓는다면서 반대 의사를 나타냈다. 이로써 경공은 애초의 생각을
바꾸었고, 공자는 제나라에서 등용될 길을 놓치게 되었다.

무성현가武城弦歌_무성에서 거문고 연주와 노래 소리를 듣다
작자 미상, 1742, 종이에 담채, 33×54cm, 국립중앙박물관

武城絃歌
子游為武城宰子之
武城聞絃歌之聲莞
爾笑曰割鷄焉用牛
刀子游曰昔者偃也
聞諸夫子曰君子學
道則愛人小人學道
則易使也子曰二三
子偃之言是也前言
戲之耳

공자의 제자 자유子游가 무성의 읍재邑宰가 되었다. 공자는 평소 예악禮樂의 정치적 효과를 강조했다. 자유는 읍재가 되고서 이를 실천에 옮겼다. 어느 날 공자가 무성을 방문한 적이 있었는데, 그곳에서 현악기를 연주하고 노래 부르는 소리를 들었다. 공자는 원래 읍이 아니라 국가의 차원에 예악을 활용하고자 했지만, 자유의 실험을 흔쾌히 인정했다.

◆ 한제국 이후 유학의 부활

하지만 전국시대를 통일한 진제국이 무너진 뒤 한제국이 건국되면서(206 BC) 상황이 조금씩 변하기 시작했다. 한제국은 진제국과 달리 국가의 사상 통제를 완화시켰기 때문이다. 문제文帝의 아내이자 무제武帝(재위 141~87 BC)의 할머니 두태후竇太后가 살아 있을 때까지 방임과 무위無爲를 기본으로 하는 황로도가黃老道家가 득세했다.

두태후 사후에 무제가 친정을 펼치면서 그간 국내외적으로 소극적인 정책에서 적극적인 정책으로 전환했다. 북쪽 흉노족에 대해서도 수세적 방어에서 공세적 개입으로 전략을 수정했다. 이와 더불어 유학은 국정 운영의 지도적 가치로 존중을 받게 되었다.

그렇다면 공자의 사상을 출발점으로 하는 유학은 한제국에 이르러서 어떻게 화려하게 부활할 수 있었을까? 그 실마리는 진제국의 법치法治에서 찾을 수 있다. 진제국은 법을 침해할 수 없는 시민의 권리를 보장하는 것이 아니라 국부國富와 국력國力을 증강시키기 위해서 신민(평민)의 참여를 끌어내는 사회 질서의 원리로 간주했다.

물론 진제국의 법도 분명 국부와 국력에 기여하는 한에서 신민의 권익을 보장해 주었다. 하지만 그것은 법에 따라 중앙 집권적 관료 국가를 설계하여 정상적으로 운영하는 부수적인 기능이지 주도적인 가치가 아니었다. 그 결과 법치는 기존 귀족의 특권을 제약하면서 그간 소외되었던 평민의 권익을 어느 정도 보장해 주었지만, 그들을 국정의 주체가 아니라 보조자로 규정할 뿐이었다. 이러한 상황에서 한제국이 수립되었을 때 신민(평민)은 여전히 국부와 국력 생산의 주체이면서도 권력에의 참여는 제한될 수밖에 없었다.

평민과 달리 건국의 공신과 관료는 황제와 광대한 제국을 다스리는 권력을 분점하게 되었다. 황제와 달리 공신과 관료 집단은 세습이 불가능했다. 따라서 다수이지만 불안한 공신과 관료 집단은, 소수이지만 안정적인 황제와 때로는 공생하고 때로 대립할 수밖에 없었다.

이 과정에서 공신과 관료는 황제가 세계를 사유화하고 권력의 분점에서 독점으로 나아가지 못하도록 제약할 수 있는 이념적 근거를 필요로 했다. 즉, 사천하私天下를 넘어서 공천하公天下를 확립해야 했다. 이때 법치는 법을 초월하려는 사천하를 향한 황제의 욕망을 제약할 수가 없었다. 법치에는 초법적 욕망을 규제할 수 있는 법의 정신이 부재했기 때문이다. 반면에 유학은 군주와 신하의 위계적 질서를 담은 자연의 구조를 인정하지만, 현실의 군주를 규제할 수 있는 다양한 힘을 가지고 있었다.

◆ 유학, 사회의 타락과 부정을 막아 내다

천天 또는 상제上帝는 세계 질서의 근원이고, 고대의 제왕帝王
은 현실의 군주가 실현해야 할 모범이고, 예禮는 개인의 유치하고
과도한 욕망에 우선하는 일반 규칙이었다. 공자는 천, 제왕, 예 등
을 다시 문덕文德, 인문人文의 가치로 재정립해 냈다. 인문은 군주
만을 위한 것이나 관료만을 위한 것이 아니라 모두를 위한 것으
로 해석되면서 보편 가치를 획득하게 되었다. 이에 따라 왕은 현
실 권력에서 누구에게도 뒤지지 않는 최정점에 있지만 가치의 지
평에서 늘 배워야 하고, 또 지켜야 하는 위치에 놓이게 되었다. 군
주는 스스로 과인寡人, 즉 부족한 자라 불리게 되었던 것이다.

만약 이러한 인문과 문덕을 저버린다면 왕이지만 왕으로서
자격이 없는 인물, 즉 폭군暴君과 암주暗主가 된다. 맹자는 이러한
폭군과 암주를 '독부獨夫'라 부르고 그를 제거할 수 있다고 공공
연하게 주장하지 않았던가! 이로써 공신과 관료는 공자의 사상
또는 유학의 기치를 내걸면서 자기 집단의 존재 가치를 증명하
게 되었다. 나아가 공신과 관료는 유학자로 탈바꿈하면서 군주가
유학의 가치로부터 멀어지지 않게 견제하고, 자치권을 갖지 못한
평민의 권익을 대변하게 되었다.

이로써 동아시아 사회는 황제와 유학자 또는 사대부 사이에
미묘한 긴장 관계를 형성하게 되었다. 건국 시조, 왕조 중흥과 영
명한 인물이 황제로 재위에 있게 되면 황제와 사대부 사이의 권

력 추는 황제 쪽으로 기울었다. 그러한 군주는 성군聖君이나 철인 哲人으로 추앙되었다. 반면 정당성이 약하고 상식 이하의 언행을 일삼는 평균 이하의 인물이 황제로 재위에 있게 되면 황제와 사 대부 사이의 권력 추는 사대부 쪽으로 급하게 기울었다. 그러한 군주는 자신에게 주어진 권한마저 제대로 행사하지 못하고 외척 과 환관 등 측근에 기생해서 겨우 생존할 수 있었다.

한편 서구의 제국주의 침략 앞에서 동아시아가 무기력하게 패배하고 자생적 근대화를 이룩하지 못하면서 '유학'은 무능과 무책임의 대명사처럼 쓰이게 되었다. 때로는 고루하고 때로는 고 집이 무척 센, 어찌할 수 없는 가치로 매도되었다.

어떠한 사상이든 그것이 현실 정치와 결합될 때 완벽한 조화 는 불가능하다. 이것은 유학만이 아니라 중세의 기독교도 마찬가 지이다. 성직자가 유일신과 소통을 독점하면서 면죄부까지 발매 하지 않았던가! 물론 기독교도 지난날의 과오를 시인하면서 시 대와 호흡하는 종교로 거듭났다. 유학도 자생적 근대화를 견인해 내지 못했지만 적어도 '공자'나 '유학'의 이름으로 면죄부를 팔지 는 않았다. 아니 팔 수도 없었다.

이렇게 보면 공자의 사상, 즉 유학은 전근대의 사회가 약탈, 부정, 비리로 점철된 약육강식의 정글로 타락하는 것을 막아낸 가치의 보루였다고 할 수 있다. 이런 점에서 현실의 어떠한 권력 도 '공자'의 이름에 침을 뱉을 수 없었다. 아니 현실의 권력은 '공자'의 권위를 빌려서 자신의 정당성을 보장받고자 했다. 유방도 노나라 지역을 지나면서 공묘孔廟에 들러서 제사를 지냈고, 위풍당당하게 세계 제국을 세웠던 청제국의 건륭제도 공묘의 편액에 글씨를 남길 정도였다. 그들은 공자에 더 가까이 다가가는 만큼 인문의 군주이자 문덕의 군주였던 것이다.

유학은 왕도 없고 사대부도 없는 현대 사회에서 과연 어떤 역할을 할 수 있을까? 이제 시민은 사대부 또는 유학자의 대변 없이 스스로 자기 권익을 주장하고 현실의 권력을 심판할 수 있다. 따라서 공자의 사상은 철저하게 인권 유학으로 탈바꿈할 때 현대 사회에 닻을 내릴 수 있을 것이다.

魯哀公十六年孔子卒　哀公立廟置守廟　人一百戶

노애입묘魯哀立廟_애공이 사당을 세우고 사당지기를 두다

작자 미상, 1742, 종이에 담채, 33×54cm, 국립중앙박물관

공자는 노나라 애공 16년(479 BC)에 세상을 떠났다. 애공은 공자를 정치적으로 등용하지는 못했지만 그의 사후에 적절한 예우를 했다. 사당을 세워서 공자의 제사를 지내게 하고 또 100여 호의 가구를 사당 근처로 이주시켜서 주위를 잘 간수하게 했다. 이 그림은 애공이 공자의 사당을 방문한 장면이다. 애공 이후에도 사마천과 건륭제 등 숱한 사람이 공묘를 찾았다.

우리가 있는 모든 곳이
배움의 학교

현대 사회는 과거와 달리 과잉 생산의 시대이다. 이에 걸맞게 자고 나면 새로운 상품이 쏟아져 나온다. 어떤 것이든 주목할 만한 특징이 없다면 반짝 나타났다가 사람의 관심사에서 금방 사라진다. 사라지지 않는 것은 사람들의 관심을 붙들 만한 제 나름의 정체성을 가지고 있는 것이다.

중국의 고전하면 우리는 『논어』를 가장 먼저 떠올리게 된다. 아마 『논어』가 대중적으로 가장 널려 알려져 있기 때문에 그러리라 생각된다.

하지만 정작 다음의 질문을 던지면 자신 있게 뭐라고 대답하기가 쉽지 않다. "『논어』는 어떤 특징을 가지고 있을까?" "『논어』는

취푸 공림의 깨어진 비석

공림은 공자와 그의 후손들의 무덤이 집단으로 조성된 곳이다. 글자 그대로 비석들의 숲을 이룰 정도이기 때문에 '孔林'이라고 한다. 문화대혁명 시절 공자는 구시대적 봉건주의자로, 그의 사상은 봉건사상으로 평가되었다. 이에 따라 홍위병은 공자 관련 유물을 서슴없이 파괴했다. 깨어진 비석도 광포한 시대의 산물이다.

비슷한 시대의 『노자』, 『맹자』, 『장자』, 『손자』 등과 어떤 다른 점을 지니고 있을까?" 『논어』의 내용을 부분적으로 들어본 것과 그 사상을 논하는 것은 다르기 때문이리라. 또 아마 2500년간 지속되어 온 『논어』의 권위나 그 내용의 어려움으로 인해 말하기가 어려운 탓도 있을 것이다.

이 물음에 대한 전문가들의 이야기도 한결같지가 않다. 그들의 대답도 다음처럼 다르다. "공자 사상을 담고 있는 가장 믿을 만한 텍스트이다.""공자와 그의 제자들의 대화로 이루어져 있다.""봉건 윤리를 정당화시키고 있다.""소인보다 군자의 사상을 대변하고 있다.""인仁과 같은 보편적인 가치를 말하고 있다." 이 이외에도 얼마든지 다른 대답이 있을 수 있다. 하지만 이것은 모두 어느 정도 사실이기는 하지만『논어』의 정체성을 온전히 드러낸다고 하기에 뭔가 부족하다.

◆ 유일신 문화와 자연신 문화

우리는『논어』가 공자의 말을 제일 많이 담고 있지만 제자와 후대 사람들에 의해 편집된 책이라는 사실에 주목할 필요가 있다. 간단히 말해서『논어』는 공자의 말이 담겨 있지만 그가 편집한 책이 아니다. 공자 사후에 제자들이 책을 편집하려면 스승의 말을 어떤 기준에 따라서 분류해야 한다. 이 분류는 순서를 정하는 작업이므로 무엇을 처음에 두고 나중에 둘지 신중하게 결정하지 않을 수가 없다. 이런 점에서『논어』의 제일 첫 글자와 구절은 나름대로 특별한 의미를 담고 있다고 할 수 있다. 일군의 편집자가 첫 구절을, 공자의 사상을 대표하는 말로 보고 그 자리에 배치했을 수 있기 때문이다.

『논어』「학이」편의 첫 구절

공자의 말이 『논어』에 가장 많이 담겨 있다. 하지만 공자는 자신의 말을 『논어』로 편집하는 작업에 간여한 적이 없다. 그의 제자 그룹이 각자 들었던 선생님의 말을 모아서 순서대로 배열한 것이 오늘날의 『논어』인 것이다. 공자의 수많은 말 중에서 지금 "학이시습지學而時習之"로 시작하는 체제는 공자의 의중을 가장 잘 반영한 편집이라고 할 수 있다. 다른 덕목은 몰라도 공자는 스스로를 '호학好學'이라 내세웠기 때문이다.

"배우고 때에 맞춰 몸에 익히면 기쁘지 않겠는가?"(學而時習之, 不亦說乎)라고 하듯이 『논어』는 배울 '학學' 자로 시작된다. 이것은 사실 『논어』의 중요한 특징 중의 하나라고 할 수 있다.

이 점을 좀 일반적인 흐름에서 살펴보기로 하자. 세계 문화를 거칠게 나눈다면, 유일신 문화와 자연신 문화로 양분할 수 있다. 유일신 체제는 유대교, 기독교, 이슬람교처럼 자신의 종교에서 말하는 최고신 이외의 신을 믿지 않는 믿음 방식이다. 다른 신을 믿는다면 '우상 숭배'라 하며 배타적 태도를 취한다. 우리가 길거리에서 마주치는 "예수천국, 불신지옥"을 외치는 이들의 사고에도 다른 종교를 우상으로 보는 강한 불신이 담겨 있을 것이다.

자연신 체제는 도교, 신도神道, 민간 신앙처럼 자연물을 특별한 힘을 가진 존재로 인격화하거나 조상을 신성시하는 믿음 방식이다. 자연신 문화는 출산, 합격, 결혼, 성공과 같이 인간의 다양한 욕망에 응답하기 위해 다양한 신을 만신전萬神殿에 모시고 있다.

만약 『논어』가 유일신 문화에서 씌어졌다면 첫 글자는 배울 '학' 자가 아니라 믿을 '신信' 자로 시작되었을 것이다. 왜냐하면 유일신 문화에서는 세계의 창조와 질서가 신에서 시작해서 신으로 끝나기 때문이다. 먼저 신이 자신의 뜻에 따라 세계와 인간을 창조했으므로 상황에 따라 신은 세계의 흐름에 끼어들어 심판을 할 수 있다.

동아시아에도 다양한 신들이 있다. 사람은 죽으면 후손들로부터 제사를 받게 된다. 조상신이 되는 것이다. 사람이 먹고 살아가려면 곡식과 도구를 필요로 한다. 곡식과 도구가 사람에게 풍요를 가져다줄 수 있도록 하는 기능신이 된다. 강과 바다, 산과 숲처럼 자연은 사람에게 생존에 필요한 자원을 내놓기도 하고 아픈 영혼을 치유해 주기도 한다. 이들도 영험한 성질을 가진 자연신으로 숭배되었다.

조선시대의 이성계李成桂(재위 1392~1398)와 정도전鄭道傳(1342~1398)은 '좌묘우사左廟右社'의 원칙에 따라 한양에 도성을 지었다. 이것은 종묘를 도성의 왼쪽에, 사직단을 그 오른쪽에 배치하

종묘

우리나라가 망하지 않고 존속한 데에는 숱한 시민들의 희생이 있었다. 이를 기념하기 위해서 국립 묘지, 즉 현충원을 만들어서 참배를 한다. 한 왕조가 생겨나서 계속 이어지려면 수많은 조상의 공로를 기리지 않을 수가 없다. 종묘는 죽은 왕들의 집단 묘역이자 현 왕조를 지탱하는 정신적·종교적 성지라고 할 수 있다. 조선시대의 종묘는 오늘날 서울 종로구 훈정동에 남아있다.

사직단

사직社稷은 토지 신과 곡식 신을 말한다. 오늘날을 산업화 사회를 넘어서 정보화 사회라고 한다면 전근대는 농경 사회였다. 농경 사회가 잘 유지되려면 토지의 지력이 유지되고 곡물이 잘 자라야 했다. 이 때문에 토지 신과 곡식 신의 제단을 마련하여 제사를 지내며 풍년을 기원했던 것이다. 조선시대의 사직단은 서울시 종로구 사직동에 있다.

는 것이다. 종묘는 조선이라는 나라를 세운 건국 영웅이자 조상의 영령을 안치한 곳이다. 근대 국가의 '국립묘지'와 비슷하다고 할 수 있다.

사직단은 토지와 곡식의 신을 모시는 곳이다. "농자천하지대본 農者天下之大本"이라는 말처럼 당시는 농업 사회였으므로 토지와 곡식은 사람의 생존에 필수불가결한 것이었다. 이처럼 조상과 토지, 곡식의 숭배는 백성의 생명과 왕조의 번영을 지탱하는 정신적·물질적 지주였던 것이다. 따라서 때에 맞춰 제사를 지내서 이들 신이 후손들에게 복을 주기를 바랐던 것이다.

이 외에도 마조妈祖는 타이완을 비롯해서 대륙의 연안에서 상업의 신으로 오늘날까지 널리 받아들여지고 있다. 항해와 상업의 안정과 번영을 지켜준다고 여겨졌던 것이다. 『삼국지』의 관우關羽는 민간 전설에서 전쟁의 신보다도 재물의 신, 즉 관제關帝로 추앙되었다.

보통 억울하거나 자신의 기氣를 펼치지 못하고 죽으면, 그 사람의 기는 흩어지지 않고 모여 있어서 특별한 힘을 갖는다고 여겨졌다. 이 때문에 관우는 고려의 최영 장군과 마찬가지로 민간 신앙에서 신적 존재로 받들어졌다. 또한 관우의 변신은 그의 고향이 소금 산지로 유명한 산서성 해주海州였던 것과 관련이 있어 보인다.(소금 salt은 전근대에 국가 전매 물품일 정도로 화폐와 같은 취급을 받았고 월급을

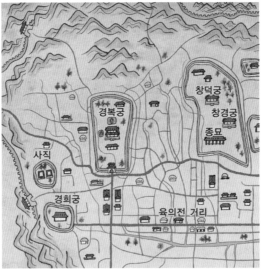

서한의 장안성과 조선의 경복궁 근처

장안성은 전조후시前朝後市의 원칙에 따라 조정이 앞에 시장이 뒤에 배치되어 있다. 경복궁은 지형의 영향으로 시장이 뒤에 있지 못하고 조정의 앞쪽 종로에 자리하게 되었다. 하지만 좌묘우사左廟右社의 원칙이 지켜져서 종묘가 왼쪽에 사직단이 오른쪽에 있다.

뜻하는 'salary'의 어원이기도 하다)[4] 심청이가 공양미 삼백 석에 팔려서 인당수에 제물로 받쳐지는데, 이는 서해의 신을 달래기 위한 것이 었다.

◆ 배움, 운명을 개척하는 사다리

자연신은 유일신처럼 세계를 창조하거나 심판할 수 있는 권능이 없다. 이들은 자신을 믿고 따르는 사람들이 액운을 피하게 하고 행운을 누릴 수 있도록 뒤를 봐주는 보호자 역할을 할 뿐이다. 문화의 특성이 이런 방향으로 설정되다 보니 동아시아 사람들은 절대적인 신에게 기도해서 세상의 문제를 해결할 수 없었다. 그들은 『주역』괘로 점을 치거나 무당을 찾아서 궁금증을 풀고자 했다. 공자보다 훨씬 뒤에 불교의 정토종과 미륵 신앙, 기독교의 하나님이 전래되면서 유일신을 빌려 사람의 문제를 해결하려는 문화가 생겨나기도 했다.

이제 『논어』의 '학' 자는 동아시아 사람들이 자신의 개인적·사회적 문제를 만나서 그것을 풀어가는 바람직한 길이라고 할 수 있다. 공자는 춘추시대에 활동하면서 과거의 문화 전통을 예리하게

---

4) 관우의 신격화와 관련해서는, 남덕현, 「關羽숭배의 근원」, 『중국연구』 제52권, 2011 참조.

운주사 와불

운주사는 지금 구름이 머문다는 뜻으로 '雲住寺'로 표기하지만, 옛날에는 배를 옮긴다는 뜻으로 '運舟寺'로 표기했다고 한다. 미륵불이 세상을 바꾼다는 뜻이다. 옛날 사람들은 미래불인 미륵이 와서 타락한 세상을 변혁시킨다고 믿었다. 이처럼 미륵은 동아시아의 유일신과 같은 역할을 했던 것이다. 물론 이를 정치적으로 이용해서 자신이 미륵의 화신이라고 말하는 이도 있었다. 요즘 대선에서 후보들은 서로 미륵불이라고 자처하지만 당선되면 그 효력이 신통치 않아 보인다. 운주사의 와불臥佛은 얼굴이 하늘을 쳐다보면서 진짜로 누워 있다. 언제쯤 기지개를 켜며 일어날까?

읽어 내고서 배움의 가치를 재발견했던 것이다. 사실 오늘날 동아시아의 교육열은 미국의 오바마 대통령이 한 번씩 언급하듯이 세계적으로 유달리 뜨거운 것으로 유명하다. 우리는 교육을 통해서 많은 것 아니 모든 것을 해결하려고 생각하는 경향이 강하다.

공자는 왜 그토록 배움을 중시했던 것일까? 공자는 제자를 비롯해 다양한 사람을 만나면서 사람들의 차이가 어디에서 생기는지를 숙고했다. 공자는 생각을 거듭한 끝에 다음처럼 결론을 내렸다. "사람의 능력과 경향성은 서로 엇비슷하지만, 환경이 서로의 차이를 만든다."[5] 오늘날 말로 한다면 사람은 선천적인 측면이 아니라 후천적인 측면에서 차이를 보이게 되는 것이다.

사람이 태어나서 영향을 받을 수 있는 것으로 가족, 신분, 정치, 경제 등의 환경 요인이 있다. 이러한 요인은 개인의 삶에 커다란 영향을 주지만 처음부터 선택할 수는 없다. '내'가 노비와 농부의 자식이 아니라 왕의 자식으로 태어나고 싶다고 해서 그렇게 될 수 있는 게 아니다. 공자의 시대에 배움은 개인이 자신의 힘으로 운명을 개척하거나 출세의 사다리를 탈 수 있는 거의 유일한 길이었다.

---

5) 『논어』 「양화」: "子曰: 性相近也, 習相遠也."(신정근, 676)

◆ 배움, 자신을 책임지는 길

사람은 배움을 통해서 원래 나에게 아예 없던 능력을 있게 할 수 있고, 조금밖에 없던 능력을 크게 키울 수 있다. 이처럼 사람은 배움으로 자신을 얼마나 변화시켰느냐에 따라 차이가 생겨나는 것이다. 사람은 출발점에서 서로 엇비슷하지만 배움 이후에 서로 크게 달라지는 것이다.

공자가 배움의 가치를 이렇게 역설하지만 현대인은 달리 생각할 수도 있다. 특히 공부에 취미가 없는 학생은 공부라고 하면 머리부터 절레절레 흔들 수 있다. 또 생업에 바쁜 사람이라면 언제 책을 읽을 시간이라도 있었으면 좋겠다고 말할 수 있다. 그렇다면 공부보다 훨씬 재미있고 쉬운 것이 많은데 어렵고 귀찮은 공부는 왜 하려고 드는 걸까?

우리는 배움이나 공부라고 하면 영어 단어를 외우고 수학 문제를 푸는 것처럼 책을 떠올리고 공식과 단어를 억지로 외우고 시간에 쫓겨서 과제를 내는 이미지를 가지고 있다. 물론 공자도 배움을 책과 관련지어서 생각했다. 하지만 『논어』에서는 그것이 전부가 아니다.

"아내의 현명함을 높이 치며, 얼굴의 아름다움은 중요하게 여기지 않고, 부모를 모실 때 자신의 온 힘을 다한다. 친구와 사귈 때는 자신의 말에 책임을 지고 신의를 지킨다. 그런 사람이 비록 고전의 소양을 아직 배우지 않았다고 하더라도, 나는 반드시 그이를

왕양명

왕양명은 '수인守仁'이라는 이름에서 보이듯 공자의 가르침을 지키려고 한 명나라 중기의 사상가, 정치가, 장군이다. 그는 식음을 전폐하고 대나무의 이치를 관찰하다가 실패하여 신경증에 걸릴 정도로 끝장을 보는 성미를 지니고 있었다. 즉, 그는 '나'의 밖 어딘가에 있는 진리를 확인하는 것의 한계를 체감하고서 '내' 안에 있는 진리를 만나야 한다는 사상의 전환을 선언했다. 저서로는 우리말로도 번역된 『전습록傳習錄』 등이 있다.

배운 사람으로 높이 쳐주리라."[6] 공자의 제자 자하의 말이다. 이 말에서 배움이란 영어 단어를 외우는 것과 같지 않고, 사람이 사람으로서 제 노릇을 다하는 것이다.

　이렇게 보면 배움은 학교와 학원에서만 일어나는 것이 아니라 가정, 사회, 직장과 회의, 상담, 성공, 실패 등 삶의 모든 현장에서 일어나는 것이다. 훗날 명나라 왕양명王陽明(1472~1528)은 『논어』의 이런 배움을 '사상마련事上磨鍊'으로 풀이했다. 즉, 배움은 가부좌를 하고서 법당 안에서 깨우치는 것만이 아니고 사람이 마주하는

---

6) 「학이」: "子夏曰: 賢賢易色, 事父母, 能竭其力, 事君, 能致其身, 與朋友交, 言而有信. 雖曰未學, 吾必謂之學矣."(신정근, 57)

모든 일에서 자신을 갈고 닦는 일이다.

학교가 특정한 곳에 있는 것이 아니라 내가 몸담고 있는 모든 곳이 학교인 것이다. 공자는 이를 다음처럼 말했다. "세 사람 정도 함께 길을 가다 보면 그 속에 반드시 우리가 보고 배울 스승이 있기 마련이다. 나는 그 사람들의 뛰어난 점을 골라서 따라해 보고, 반대로 모자라는 점을 찾으면 나에게 있는 그런 점을 고칠 수 있다."[7]

오늘날 우리는 배움을 특정한 시공간에서 일어나는 고통스런 깨우침으로 생각하는 경향이 있다. 이와 달리 공자는 배움을, 사람이 개개인의 개성을 꽃피우고 자신을 책임지면서 자신을 알아가는 정련精鍊의 과정으로 보았던 것이다. 정련의 값어치를 인정한다면 누가 공자의 배움을 불필요하다고 할 수 있을까? 그가 말하는 배움을 얻는 만큼 우리는 자신과 주위 사람, 나아가 세계의 일부에 제대로 된 책임을 지는 통 큰 사람으로 변모할 것이다.

---

7) 「술이」: "子曰: 三人行, 必有我師焉, 擇其善者而從之, 其不善者而改之."(신정근, 291)

한계를 알아야
나와 남을 이끌 수 있다

남자 100미터 달리기에서 10초는 인간의 한계를 나타냈다. 그러다 1968년 짐 하인즈가 100미터를 9.95초에 뛰면서 그 한계가 깨졌다. 우사인 볼트는 지난 2009년 베를린 선수권 대회에서 100미터를 9.58초에 뛰어 또 다시 세계신기록을 갈아치웠다. 이처럼 인간은 끊임없는 도전을 통해 자신의 한계를 밀어내고 있다.

육상선수가 아니더라도 사람은 늘 자신의 한계가 어디인지 고민하며 살아간다. 어떤 이는 한계에 한참 못 미쳐서 지레 겁을 집어먹고 앞으로 나아가려고 하지 않거나, 어떤 이는 한계를 쉬 인정하고 고집을 피우다가 고통을 겪기도 한다. 공자도 『논어』에서 인간의 한계를 진지하게 고민했다.

◆ 공자의 명은 운명론이 아니다

우리는 그 증거를 『논어』 마지막 편의 마지막 장에서 확인할 수 있다.

"명을 알지 못하면 지도자가 될 수 없고, 예를 알지 못하면 제자리에 설 수가 없고, 말을 분별하지 못하면 주위 사람을 파악할 수 없다."[8]

우리는 '명命'하면 숙명, 운명, 운수 등 결정론determinism의 문맥에서 바라보려고 한다. 이렇게 되면 공자는 사람이 스스로 태어나기 전부터 결정되어 있는 운명을 알아야 한다고 말하게 되는 셈이다. 그럼 우리는 점성술이나 타로 점을 배워할 것이다. 또 이런 운명이 신에 의해 결정되었다고 하면, 공자는 운명만이 아니라 신을 믿어야 한다고 말하는 셈이다. 공자는 하느님, 조상신 등을 믿었다고 하지만, 그것은 자연신일 뿐 세계를 창조하고 심판하는 유일신을 믿지 않았다.

이제 우리는 명을 결정론과 유일신이 아니라 다른 맥락으로 이해할 필요가 있다. 예컨대 어떤 사람의 수명이 80살이라고 치자. 이 사람은 80살까지 이 땅에서 숨을 쉬며 살아갈 수 있지만 80을 넘기고 하루라고 더 살 수 없다. 이때 80은 이 사람의 수명이라고

---

8) 「요왈」: "不知命, 無以爲君子也, 不知禮, 無以立也, 不知言, 無以知人也." (신정근, 778)

할 수 있다. 이 수명은 사람이 목숨을 부지하면서 살 수 있는 최대의 시간을 가리킨다고 할 수 있다. 이런 점에서 명은 운명의 뜻을 가지면서도 극대치, 최대치maximum value의 뜻을 가진다고 할 수 있다.

그렇다면 공자는 사람이 왜 명, 즉 운명과 그 최대치를 알아야 한다고 했을까? 만약 우리가 한 기업을 경영하는 사람이라고 치자. 그 사람은 한 해가 끝나고 새해가 시작되기 전에 여러 가지 경영 목표를 세우게 된다. 경영 목표 중에 매출 또는 사업 목표를 구체적인 수치로 잡게 된다. 전년의 수익이 100이라고 하면 새해는 100보다 높은 수치를 잡기 마련이다.

예컨대 한 기업이 조직 역량을 최적화할 때 전년 대비 120의 수익을 올릴 수 있다고 하자. 이때 어떤 의욕적인 경영자는 자신의 능력을 보여주기 위해 목표를 상향 조정해서 120이 아니라 150으로 잡을 수도 있다. 먼저 목표를 120으로 잡았다면, 새해의 시간이 지나가면 지나갈수록 목표에 가까이 다가갈 수가 있다. 반면 150으로 잡았다면, 경영자는 중간 관리자를 끊임없이 채근하면서 목표에 미치지 못하는 현실을 탓하며 분발을 촉구할 지도 모른다.

◆ 명의 인식과 생활 세계의 행복
이럴 경우 목표 120의 기업은 나날이 행복한 시간을 보낼 수가

니구산 부자동

공자의 어머니는 니구산尼丘山(해발 340m)에 올라 아들을 낳게 해 달라고 기도를 했다.
기도를 하다 산기를 느낀 어머니가 산의 조그만 동굴에서 공자를 낳았다. 부자동夫子洞은
바로 공자가 태어난 곳으로 추정되는 곳으로, 취푸에서 동남쪽으로 약 30km 떨어진 니구
산에 있다. 공자의 이름 공구孔丘는 니구산과 관련이 있다. 그의 머리가 짱구 모양이었기
때문에 니구산의 '구' 자를 따서 이름을 지었던 것이다.

있지만 목표 150의 기업은 나날이 불행한 시간을 보내게 된다. 각기 두 회사를 다니는 사람들이 아침 출근길을 나서는 마음 상태와 표정을 한 번 예상해 보자. 전자는 회사 가기가 그렇게 부담스럽지 않고, 밝은 표정으로 길을 재촉할 수 있다. 적정한 목표에 다가가면서 성취감을 느낄 수 있기 때문이다. 반면 후자는 회사 가기가 그렇게 무섭고 두려울 수밖에 없으며, 회사에서 들을 잔소리를 생각하면서 울상을 지을지도 모른다. 근원적으로 이룰 수 없는 목표를 달성하기 위해서 사람이 끊임없이 내몰리기 때문이다.

이제 우리는 공자가 말한 명을 왜 알아야 하는지 어느 정도 이해할 수 있게 되었다. 만약 '내'가 기업을 운영하는 사람이라면 기업의 한계와 최대치를 알아야 한다. 그래야만 자신의 기업에 다니는 사람을 덜 괴롭힐 수 있다. 만약 '내'가 아이를 가진 사람이라면 자식의 한계와 최대치를 받아들여야 한다. 그래야만 자식이 공부에 취미가 없을 때 그 사실을 받아들여 적성에 맞는 길을 찾게 할수 있다. 또한 나는 나 자신에 대해서도 한계와 최대치를 인정해야 한다. 그래야만 자신을 덜 닦달하고 스트레스를 덜 받을 수 있다.

이처럼 기업이든 자식이든 자기 자신이든 우리가 최대치를 인정하지 않으면 사람 사이와 당사자가 불편하고 힘들게 된다. 경영자와 부모는 이룰 수 없는 목표에 집착해서 자기 주위 사람들을 계속 들볶게 될 것이고, 들볶이는 상대는 불가능을 가능으로 만들어야 하는 요구에 계속 시달리기 때문이다. 이 때문에 경영자와 부모

공자묘

취푸의 공림孔林은 공자와 그 후손들의 집단 묘역이다. 공자 무덤을 찾으면 처음에 당혹스럽다. 봉분에서 큰 나무가 자라고 있고, 경우에 따라 벌초를 하지 않아 풀이 어지럽게 나있기 때문이다. 묘비를 정면에서 보면 '대성지성문성간大成至聖文宣干'으로 보이고, 좀 옆으로 돌아가면 '대성지성문선왕大成至聖文宣王'으로 보인다. 공자는 후대에 왕으로 추증되었기에 문선왕이라고 한다. 하지만 청나라 황제가 이곳을 방문하여 공자를 예배하다가 '王' 자를 보면 심기가 불편할까봐 묘비를 새기면서 '王' 자의 세 번째 가로획을 한참 아래에 그었던 것이다. 현장에서 이를 확인하면 나름의 묘미를 느낄 수 있으리라.

가 상대의 한계와 최대치를 안다면 사람 사이가 그만큼 부드럽고 편안하게 바뀔 수 있는 것이다. 이래도 명을 몰라도 된다고 할 수 있겠는가?

『논어』는 참으로 특이한 구조로 되어 있다. "배우고 때에 맞춰 몸에 익히면 기쁘지 않겠는가?"[9]라고 하듯이 『논어』의 편집자는 고민 끝에 '학學'을 제일 먼저 배치했다. 사람이 유일신을 믿을 경우 자신이 해결할 수 없는 문제 상황에 놓이면 그 유일신에게 기도를 하게 될 것이다. 기도하면 유일신이 나아갈 길을 계시해 주리라 믿기 때문이다.

하지만 『논어』를 아무리 뒤져봐도 우리는 해답을 알려주는 유일신을 발견할 수가 없다. 그렇다면 사람은 스스로 자신의 길을 개척할 수밖에 없다. 사람은 자신의 앞길을 열어젖히기 위해서 아무것도 없는 상태에서 해답을 찾을 수 없다. 결국 우리는 지금까지 쌓여온 문화 전통을 배우는 수밖에 없다.

이렇게 보면 『논어』가 왜 학學으로 시작했다가 명命으로 끝나는지 그 비밀이 풀리게 된다. 공자는 제일 먼저 사람이 자신의 한계 상황을 벗어나기 위해서 배울 수밖에 없다는 사실을 자각하도록 주문했다. 마지막으로 공자는 사람이 자신의 힘으로 어디까지 나아갈 수 있는지 냉정하게 한계를 직시하라고 요구하고 있다. 사

---

9) 「학이」: "學而時習之, 不亦說乎?"(신정근, 46)

행단현가도杏壇絃歌圖

나능호羅能浩, 1866, 159×105cm, 신화수

그림 속의 행단은 오늘날 정자로 세워진 형태와 다르다. 그림이 아마 원형에 가까운 모습이지 않을까? 오늘날 학문 분류에 따르면 공자의 학문은 넓게는 인문학에, 좁게는 철학에속한다. 하지만 그는 제자들에게 훨씬 폭넓은 분야를 가르쳤다. 그는 스스로 뛰어난 음악애호가이자 연주자였고 제자들에게도 음악 교육을 특히 중시했다. 그것이 그림에 고스란히 잘 나타나고 있다.

행단

『장자』「어부」에 보면 행단杏壇은 공자가 제자들을 모아놓고 책을 읽고 악기를 연주하는
등 수업을 했던 장소로 나온다. 원래 행단에는 정자가 없었지만 금金나라 시절에 정자를
만들었다. 정자가 생기면서 권위는 생겼을지 몰라도 툭 틔운 곳에서 자유롭게 이야기하
고 노닐던 한적한 맛은 없어졌다. 취푸曲阜의 공묘를 찾으면 행단에 서서 그곳에서 강학
을 하던 공자 시절의 정경을 떠올려 보면 좋겠다.

람은 새로운 것을 배우는 만큼이나 자신의 한계를 아는 것이 중요
하다. 자신의 한계를 알지도 인정하지도 못하면 자신을 과도하게
괴롭힐 뿐만 아니라 주위 사람들을 못 살게 굴기 때문이다.

◆ 『논어』의 편집 구조와 자동차의 구조가 닮았다

곰곰이 생각해 보면 『논어』가 '학學'으로 시작해서 '명命'으로
끝나는 것은 자동차의 구조와 유사한 점이 있다. 우리가 자동차를
몰 경우 도로 상황에 따라 속도를 높이기도 하고 낮추기도 한다.
그래야만 우리는 도로 위에서 사고를 내지 않고 안전 운전을 할 수
있다. 인생도 운전과 비슷한 점이 있다. 사람은 자신이 정한 목표
에 이르기 위해서 속도를 좀 빠르게 해야 할 때도 있고 속도를 좀
느리게 해야 할 때도 있다. 그래야만 인생에서 사고가 나지 않게
된다.

사람들은 도로 위에서 가속 장치와 감속 장치를 잘 밟으면서
안전 운전을 한다. 그런데 사람들은 인생의 길 위에서 가속 장치와
감속 장치를 반대로 밟는 경우가 있다. 속도를 늦추어야 하는데 오
히려 속도를 높이거나 속도를 높여야 하는데 오히려 늦추기도 한
다. 이렇게 되면 사람은 자신이 정한 목표에 이를 수 없기 때문에
사소한 일과 중요한 일을 구분하지 못하고, 자기 자신과 주위 사람
들에게 짜증을 부리고 화를 내게 된다.

자동차 구조의 『논어』

자동차를 안전하게 운전하려면 감속과 가속 장치가 필요하다. 이 두 장치를 통해서 운전자는 속도를 조절할 수 있다. 느리면 빠르게 빠르면 느리게 간다. 참으로 흥미롭게도 『논어』도 이러한 자동차의 구조를 닮아 있다.

공자는 학과 명, 즉 배움과 최대치를 통해서 우리가 자신의 삶과 조직을 어떻게 운전할 수 있을 것인지 묻고 있는 것이다. 길은 네 가지가 있다. 배우지도 않고 최대치를 모르는 경우가 있다. 배우기를 좋아하면서 최대치를 아는 경우가 있다. 배우기를 좋아하지만 최대치를 모르거나 배우기를 싫어하지만 최대치를 아는 경우도 있다. 첫째가 가장 피곤하고 불행한 사례이고, 둘째가 가장 즐겁고 행복한 사례이다. 대부분 셋째와 넷째에 해당할 것이다.

차에 가속 장치가 없다면 참으로 무료하고 따분하기 그지없다. 속도를 높여야 하는데 그럴 수가 없어 느린 속도로 계속 나아가야 하기 때문이다. 차에 감속 장치가 없다면 참으로 아찔하고 위험하기 그지없다. 속도를 줄여야 하는데 계속 빠른 속도로 나아가야 하기 때문이다.

우리가 인생을 슬기롭게 살아가려면 가속 장치와 감속 장치를 함께 마련하지 않을 수 없다. 그럼으로써 감속 없는 인생의 위험과 가속 없는 인생의 무료함을 해결할 수가 있다. 이처럼 『논어』와 같은 인문학을 배우면 우리는 덤으로(?) 자기 삶의 속도를 조절할 수 있는 가속·감속 장치를 하나씩 장착하게 되는 것이다.

이렇게 보면 당시 편집자라는 직업은 없었겠지만 『논어』는 탁월한 편집자의 손에 의해서 빚어진 걸작이라고 할 수 있다. 공자로서는 참으로 행운이라고 하지 않을 수가 없다. 그는 훌륭한 편집자를 만나서 자신의 어록을 『논어』라는 독특한 구조로 정리하게 되었기 때문이다.

그렇다면 우리는 자신의 인생을 어떻게 편집해야 할까? 다들 좋은 편집자가 되고 싶을 것이다. 반복하지만 좋은 편집자가 되려면 먼저 자신의 한계와 최대치를 미리 알아야 한다. 그래야 인생을 잘 편집해서 다른 사람도 읽어 보고 싶은 책으로 만들 수 있는 것이다. 아울러 그래야만 자신의 삶을 안전하게 설계해서 운행할 수도 있는 것이다.

계탐도

계탐도戒貪圖는 탐욕을 경계하는 그림을 가리킨다. 그림 속의 상징적 동물이 바로 탐이다. 탐은 배가 부르지만 바로 앞의 빨간 태양을 먹고 싶어서 군침을 흘리고 있다. 태양은 가까이 갈 수도 없고, 가까이 가더라도 먹을 수가 없다. 하지만 탐은 자기 파멸적인 결과를 생각하지 않고 태양을 먹으려고 한다. 공자 후손들은 외출하기 전에 이 그림을 보면서 탐욕을 부리지 않도록 스스로 경계하는 자세를 다졌다.

이렇게 좋은 편집자가 많다면 회사이든 국가이든 그만큼 서로를 덜 힘들게 하는 최적의 상태를 유지할 수 있다. 우리는 명命을 통해서 인생의 길 위에서 자기 자신만이 아니라 사람들과의 사이를 행복하게 조율하는 운전사의 지혜를 찾을 수 있을 것이다.

사람 사이를
아름답게 가꾸는 원칙

우리 사회에서 '갑을甲乙' 관계는 뜨거운 현안이다.[10] 보통 하나의 현안은 사람들의 주목을 받다가 시간의 흐름과 함께 관심사에서 멀어지거나 다른 현안에게 자리를 물러주곤 한다. 갑을 관계는 이제 새로운 영역으로 확산되면서 대형 이슈가 되었다.

왜 갑자기 갑을 문제가 대두된 것일까? 이 쟁점은 먼저 마이클 샌델의 『정의란 무엇인가』로 촉발되어 사람들의 관심사가 되었던 정의正義 이슈와 결합되었기 때문이다. 또 이는 그만큼 우리 삶에 갑을의 관계와 그 문화가 뿌리 깊게 자리하고 있다는 반증이리라.

---

10) 이 문제와 관련해서는 강준만, 『갑과 을의 나라』, 인물과사상사, 2013 참조.

모두 알고 있듯이 갑을 이슈는 처음에 고객과 종업원 사이에서의 서비스 문제가 발단이 되어 대기업과 편의점으로 확대되었고, 점차 대기업과 중소기업의 기업 관행이나 '슈퍼갑' 정부와 민간기업 사이의 역관계로 문제가 불거지고 있다.

이해관계에 따라서는 갑을 문제의 초점화와 확산이 꽤나 불편하거나 현실적으로 있을 수 있는 일이 아닌가 하는 볼멘소리를 터뜨리기도 한다. 그러나 오랜 관행이라고 하더라도 시대에 따라 새로운 옷을 갈아입듯이 갑을 문제는 피할 게 아니라 마주해서 따져 볼 만한 가치가 있다. 산업, 행정 분야에서만이 아니라 우리의 삶에서 관행이라는 이름으로 당연시되어온 것들을 되돌아 볼 자기 학습의 기회라고 할 수도 있는 것이다.

◇ 춘추시대 갑을 문제의 해법

우리는 『논어』에서 갑을 문제를 살펴 볼 실마리를 찾을 수 있을까? 공자의 시대는 갑을 문제가 오늘날보다 더했으면 더했지 결코 덜하진 않았을 것이다. 공자는 신분 사회에서 살았고 우리는 평등한 사회에서 살고 있기 때문이다. 신분 사회는 사람 사이가 계급에 의해서 작동되기 때문에 '불평등한' 갑을의 관계도 정당화될 수 있다. 노비가 자신의 신분이 싫다고 하더라도 노비로서 주인에게 충성을 다해야 하는 것이다. 이렇게만 보면 『논어』의 세계는 계급

대성지성문선왕전좌도大成至聖文宣王殿坐圖

작자 미상, 170×65cm, 소수박물관

조정에 왕을 중심으로 신하가 좌우에 자리한 것처럼, 공자가 왕을 하고 그의 제자들이 제후로 배치되어 그려진 그림이다. 이것은 실제 상황을 담은 기록화가 아니라 후대에 추증된 지위를 바탕으로 그린 상상화이다. 이를 통해 유교 중심의 세계관을 엿볼 수 있다.

자공

자공의 이름은 '단목사端木賜'이다. 그는 공자 문하에 학업을 닦으면서 국제 무역에 종사하여 큰돈을 벌었다. 자공은 『논어』 후반부에 많이 나오며 당시 사람들로부터 높은 평가를 받았다. 공자 사후에 다른 제자들이 3년상을 치르고 고향으로 돌아갔지만, 자공은 다시 3년상을 치를 정도로 스승에게 각별한 애정을 가지고 있었다.

의 질서를 정당화시켜 주지 그것을 넘어설 만한 가능성을 내놓지 못할 것이라 예상하게 된다.

그런데 제자 자공子貢과 공자의 대화를 보면 뭔가 다른 느낌을 받게 된다. 자공이 공자에게 물었다. "한평생 내내 나침반으로 삼아 자신을 이끌어 갈 만한 한마디가 뭡니까?" 공자가 대답했다. "서恕이지! 자신이 바라지 않는 것을 주위 사람들에게 시키지 마라!"[11]

---

11) 「위령공」: "子貢問曰: 有一言而可以終身行之者乎? 子曰: 其恕乎! 己所不欲, 勿施於人!"(신정근, 622)

공자가 서恕를 정식화시킨 내용은 그렇게 어렵지 않다. "내가 당하고 싶지 않은 일이 있으면 바로 그것을 다른 사람에게 시키지 말라!"는 것이다. 실례를 들어보자. 우리는 처음 만나는 사람으로부터 반말을 들으면 자존심이 상하므로 반말 대접을 받고 싶어 하지 않는다. 설령 아무리 나이 차이가 있다고 하더라도 상대로부터 처음부터 반말 대접을 받으면 '나'의 기분이 여간 상하지 않는다. 이때 상대가 나에게 그렇게 하지 않기를 바란다면 나도 다른 사람에게 그렇게 하지 않아야 하는 것이다.

여기서 우리는 공자가 신분 사회를 살면서도 '계급'을 뛰어넘는 도전을 시도하고 있다는 점을 눈치챌 수 있다. 신분 사회에서 사람이 사람을 만나면 계급의 매뉴얼대로 행동하면 될 뿐, 어떻게 해야 할지 고민할 필요가 전혀 없다. 공자가 서를 내놓았다는 것 자체가 바로 사람을 계급대로만 대우하는 것이 아니라 계급을 넘어서서 새로운 세계를 일구고자 했던 그의 태도를 보여준다. 이처럼 신분 사회에서도 사람 사이의 자유롭고 아름다운 관계를 일구고자 했기 때문에 공자는 시대를 넘어 살아남을 수 있었던 것이다.

◇ 왜 상대를 배려해야 하는가

우리는 공자의 서를 통해서 갑을의 갈등을 풀 수 있는 실마리를 찾았다고 생각할 수 있다. 요즘 말로 하면 서는 내 욕망대로 밀

子貢廬墓圖　자공이 시묘살이를 하다
구영仇英, 1538(明), 비단에 채색, 31.5×29cm

자공여묘처子貢廬墓處

공자가 죽은 뒤에 제자들이 자신의 부모처럼 3년상을 치렀다. 3년상을 치른 뒤에 다른 제자들은 모두 고향으로 돌아갔다. 그러나 자공은 3년상으로 공자와 이별을 할 수 없었던지 3년 더 공자의 무덤을 지켰다. 오늘날 취푸 공림의 공자 무덤을 방문하면 무덤의 왼쪽에 자공이 시묘侍墓 살이를 했던 건물이 남아 있다. 그 자리에 서면 이성의 성애가 아니라 동성의 애틋한 마음을 느낄 수 있으리라.

어붙이는 것이 아니라 주위 사람을 배려하는 바람직한 태도로 보인다.

한편 오늘날 우리는 남에게 피해를 주지 않는 한 자신의 이익을 추구하면서 살아간다. 이러한 이익의 추구는 개인을 행복하게 할 수 있고 기업을 성장하게 할 수 있고 공동체를 번영하게 만들 수 있다. 그런데 서의 배려와 이익의 추구를 한꺼번에 고려하면 이런 질문이 생긴다. 우리가 정당한 방법으로 사익을 추구하면 그것으로 충분하지, 왜 또 서의 배려까지 해야 하는 것일까? 여기서 서의 배려를 하는 것이 하지 않는 것보다 좋다거나 옳다고 말한다고 해서 그렇게 해야 할 충분한 근거가 제시되었다고 할 수는 없다.

우선 "서를 어디까지 적용시킬 것인가?"에서부터 해답의 실마리를 찾아보자. 서에 따르면 처음 만난 사람끼리 반말 사용을 자제할 수가 있다. 내가 상대로부터 반말을 당하고(듣고) 싶지 않은 만큼 나도 타인에게도 그렇게 하지 않으려고 해야 한다. 물론 반말 사용에 익숙한 사람이나 연장자 등은 반말 사용의 자제에 불편해할 수 있다. 그러나 반말 사용에 익숙하다고 해서 그것이 반말을 사용할 근거가 되지는 않는다. 근거를 제시할 수 없다면 관행이라고 해서 당연하게 여길 수는 없는 것이다.

다음으로 인간 이하의 '비참한' 삶을 살아가는 사람을 돕는 문제를 서에 적용해서 생각해 보자. 우리가 최소한의 기본권이 충족되지 않는 삶은 살고 싶어 하지 않는 만큼, 그런 삶을 살고 있는 타인을 가만히 내버려둘 수 있을까 없을까? 이 경우는 반말의 사례와 달리 결론 내리기가 쉽지 않다. 왜냐하면 책임의 문제가 끼어들기 때문이다. 우리가 그 사람의 비참한 삶에 책임이 있다면 당연히 도와야 한다고 생각하겠지만, 책임이 없다면 도와야 할 근거가 없는 것이다.

우리는 선택하고 판단하는 상황에서 합리적 의심을 품고 합당한 근거를 바랄 수 있다. 합리적 의심을 배제하지 못한다면 우리는 어떤 것도 믿을 수 없기 때문이다. 합당한 근거를 댈 수 없으면 우리는 어떤 것도 따르려고 하지 않는다. 이는 비참한 삶을 돕는 문제에 있어서도 마찬가지이다.

그런데 우리가 이 문제를 계속 의심하고 근거만 요구한다면 어떻게 될까? 도리어 역설적인 결론이 나오게 된다. 우리는 도와야 할 사람을 돕고, 돕지 말아야 될 사람을 돕지 않기 위해 합리적인 의심을 하고, 합당한 근거를 요구한다. 하지만 이 의심과 요구의 심사를 통과하지 못하는 사이에 우리는 결국 비참한 삶에 어떠한 손길도 내비치지 않게 된다.

이것이 바로 역설적인 상황이다. 우리는 처음에 제대로 돕기 위해서 의심하고 근거를 찾았지만, 그것을 강하게 따지다 보니 결국 돕지 않기 위해서 의심을 하고 근거를 요구한 셈이 된다. 말 못하는 응급환자에게 어디가 아프냐고 묻거나 진짜 아프냐고 확인하는 꼴이라고 할 수 있다.

직사위리職司委吏_곡식을 관리하는 벼슬을 얻다
1904, 목판인쇄, 28×51cm, 성균관대학교박물관

직사승전職司乘田_가축을 관리하는 벼슬을 얻다
1904, 목판인쇄, 28×51cm, 성균관대학교박물관

공자는 어린 나이에 아버지를 여의었기에 경제적 사정이 좋지 않았다. 젊어서부터 닥치는 대로 일자리를 찾아서 생계를 꾸렸으리라. 두 그림은 좀 그럴듯한 직업을 찾는 장면을 그린 그림이다. 위리委吏는 노나라의 실권자 계손씨季孫氏의 창고를 관리하는 일이었다. 승전乘田은 계손씨의 가축을 관리하는 일이었다. 당시 공자는 학자나 정치가로서 알려지지는 않았지만 여러 분야의 실무를 탁월하게 처리하는 솜씨는 여러 모로 알려지게 되었다.

요즘 우리나라의 사회조사 결과를 보면 자신을 중산층으로 생각하는 사람이 줄어들고 있다. 양극화가 심화된 결과라고 할 수 있다. 즉, 우리나라 사람들은 자신이 언제 지금보다 못한 삶의 조건으로 떨어질지 모른다는 불안 의식을 심하게 가지고 있는 것이다.

　　이 상황을 서와 연관시키면 우리가 비참한 삶에 떨어지기를 바라지 않는다면, 타인도 그렇게 되지 않도록 도와야 한다는 결론을 얻을 수 있다. 내가 지금보다 못한 삶에 처하게 되면 다른 사람의 도움을 바라게 될 것이다. 즉, 내가 지금보다 못한 삶에 처했을 때 다른 사람이 모르는 체하기를 바라지 않는다면, 나도 다른 사람이 지금보다 못한 상황에 있는 것을 보았을 때 모른 체할 수 없는 것이다.

◆ 서로를 이해하는 아름다운 삶

　　정상인이 장애인을 잘 이해하지 못하다가 팔을 묶거나 다리를 못쓰게 하는 '장애인 체험'을 하고 난 뒤에 사람이 바뀌게 된다. 이전엔 내가 장애인이 될 리가 없다고 생각했지만 체험을 통해 장애인의 불편과 고통을 받아들이게 된 것이다. 또 나도 언젠가 장애인이 될 수 있다고 생각을 하게 되는 것이다. 물론 장애인 체험은 어디까지 체험일 뿐 정상인이 실제로 장애인이 될 리가 없다. 하지만 우리는 체험의 상상을 통해서 나를 늘 있는 자리가 아닌 다른 자리에 놓아보는 사유 실험을 할 수 있다.

우리는 사유 실험을 통해서 이성理性을 오로지 자신의 이익만을 위해서 사용하는 것이 아니라 자신과 주위 사람 모두를 위해서 사용하게 된다. 이렇게 이성을 공적으로 사용하면 할수록 우리는 나 자신만이 아니라 주위 사람 그리고 만나본 적도 없지만 고통을 겪는 사람을 훨씬 깊게 이해할 수 있다. 이때 우리는 사람을 나의 욕망을 이루는 수단이 아니라 나와 같은 존엄을 지닌 인간으로 만나게 된다.

사실 오늘날 갑을 문제가 갑작스럽게 생겨난 것은 아니다. 여아 낙태, 고졸 직원의 승진 제한, 직장 내 성추행, 지방대 차별 등도 갑을 문제에 해당된다고 할 수 있다. 예컨대 성추행 논란은 보통의 남성들에겐 '불편할지' 모르지만, 여성들에겐 당연하고 반드시 바로잡아야 할 일이다. 이처럼 다양한 갑을 문제를 통해서 그동안 당연하다고 생각해 온 관행을 돌아볼 뿐만 아니라 나와 늘 관계를 맺고 있는 주위 사람들을 보다 따뜻한 눈으로 바라보면 좋겠다.

사회는 윤리와 이익의
두 바퀴로 굴러간다

동양철학은 세계의 생성과 운영을 하나의 기준으로 설명하지 않고 복합적인 요인의 상호 작용으로 설명하는 경향이 있다. 동양철학은 유일신, 이데아, 절대 이성보다 자연, 기, 연기 등으로 자연과 사회 현상을 해명하려고 했다. 그 결과 동양철학에서는 남성과 여성, 음과 양, 동(움직임)과 정(고요함), 윤리와 이익, 빈과 부처럼 다양한 짝 개념을 만들어 냈다. 짝 개념은 늘 사이가 좋은 경우도 있고, 늘 으르렁거리거나 때로 싸우기도 하고, 때로 화해하는 경우도 있다.

오늘날 우리도 나날이 심화되는 양극화 현상을 걱정하지만 정작 그것을 풀 해법을 잘 찾지 못하고 있다. 워낙 이해관계가 날카롭게 맞서다보니 모두를 만족시키는 혜안을 찾기가 쉽지 않은 것이다. 공자가 살았던 시대에도 부익부 빈익빈의 골이 점차 깊어져서 사회의 현안이 될 정도였다. 『논어』에서는 이 이 문제를 빈부貧富와 의리義利로 풀어 가려고 했다.

◆ 몰락과 출세의 파노라마

공자가 살았던 시대는 기본적으로 신분 사회였다. 사회·정치적으로는 높은 신분에 있으면 경제적 부를 자동적으로 보장받았다. 왕족이면 경제적으로도 안정된 생활을 누릴 수가 있었다. 하지만 제후국들이 서로 죽기 살기로 경쟁하면서 계급과 계층 사이의 이동이 일어나게 되었다. 이 상황은 춘추시대의 어떤 사람에게는 위기이기도 하고 어떤 사람에게는 기회이기도 했다.

예컨대 국가가 다른 나라의 침략으로 영토를 잃거나 심지어 멸망하게 되면 왕족은 모든 것을 잃어버려 거지와 다를 바가 없게 되곤 했다. 전쟁이 자주 일어나다보니 군사, 행정, 외교 등 다양한 분야에 걸쳐서 실무 능력이 중시되었다. 이런 틈바구니에서 지배층의 최하층에 있던 사士와 물질 생산에 종사하던 평민이 자신의 기량을 펼칠 수 있는 좋은 기회를 갖게 되었다.

오늘날 말로 하면 춘추시대는 신분 사회이기는 하지만 귀속 지위와 성취 지위가 공존하던 시대라고 할 수 있다. 즉, 많은 사람들은 개인의 의사와 상관없이 부모 세대로부터 결정되어온 신분을 그대로 물려받지만, 어떤 사람들은 개인의 능력을 발휘해서 부모 세대와 다른 새로운 사회적 역할을 수행하기 시작했던 것이다.

사회의 변동이 증가하게 되면서 사회의 안정성이 줄어들게 되었다. 신분이 높다고 해도 생계 유지가 어려운 사람이 나오고, 반대로 신분이 낮아도 벼락부자나 벼락출세를 한 사람이 나왔다. 이처럼 춘추전국시대 사람들이 보여주는 성공과 실패, 영광과 좌절, 영예와 추락을 사마천은 『사기』 「열전」에서 흥미진진하게 담아내고 있다.

이들 중 소진蘇秦은 참으로 극적인 삶을 산 인물이다. 그는 방구석에 틀어박혀서 만날 책을 읽었다. 형수가 놀고먹는 시동생을 구박하자 소진은 공부를 그만두고 강한 진秦나라에 대항하는 육국의 합종合縱 동맹을 성사시키고서 육국의 재상이 되었다. 성공을 거둔 뒤 소진이 고향을 방문하자 이전 자신을 깔보던 형수가 무릎걸음을 하면서 그의 성공을 축하했다. 이는 조선시대에서 선비가 과거에 급제하고서 어사화를 머리에 쓰고 고향으로 돌아오는 장면에 비견할 만하다.

축하의 순간에도 한편으로 씁쓸함이 묻어난다. 소진은 확 바뀐 형수를 보고서 모른 체하며 돌변한 이유를 물었다. 형수는 시동생이 출세했으니 이전과 달리 대해야 하지 않느냐고 반문했다. 사마천은 이 장면을 묘사하면서 친한 가족도 출세 앞에 맥을 못 추는 세태를 전달하려고 했는지 모르겠다.

협곡회제夾谷會齊_협곡에서 제나라 임금을 만나다

김진여金振汝, 1700, 비단에 채색, 32×57cm, 국립중앙박물관

노나라 정공定公이 협곡에서 제나라 경공을 만나서 회합하는 장면을 그렸다. 당시 공자는 정공을 도와서 회합을 주관했다. 제나라 측에서 식전 행사의 일환으로 군사들이 무기를 들고 춤을 추고 광대와 배우들이 연희를 했다. 공자는 이러한 행사가 제후의 회합에 어울리지 않는다며 중단을 요구했다. 이처럼 공자는 외교 활동에서 노나라의 입지를 다지는 큰 공을 세우면서 명성이 이웃나라로 널리 퍼지게 되었다.

「육국봉상의금영귀도六國封相衣錦榮歸圖」

소진은 집안이 가난했는데도 책 읽기를 즐겨했다. 힘 있는 장정이 농사를 짓거나 장사를 해서 생계를 돌보지 않고 방에 틀어 앉아서 책만 읽으니 집안사람들은 소진에게 볼멘소리를 했다. 소진은 방을 뛰쳐나와 여러 나라를 돌아다니면서 진나라를 이기는 합종의 전략을 유세했다. 전국시대 여섯 나라가 모두 소진의 전략을 받아들여 약한 여섯이 연합해서 강한 진나라에 대항했다. 이 일로 소진은 여섯 나라의 재상이 되어 고향을 방문했다. 달라진 소진의 위상만큼 가족들의 대우도 달라졌다.

◆ 빈부에 대한 자공과 공자의 해법

사회 변동에 따라 빈부의 갈등이 심해지자 공자 학교에서도 이를 풀기 위한 해법을 논의하기 시작했다. 자공子貢은 당시에 공자 제자 중에서 국제 무역을 통해 사회적으로도 성공한 인물이었고, 오늘날에는 기업의 사회적 책임을 다하는 유상儒商의 선구자로 각광을 받고 있다. 그는 평소 경제 문제에 관심이 많았던 만큼 빈부 문제를 고민하고서 공자와 대화를 나누었다.

자공의 생각은 이랬다. "가난하더라도 있는 자에게 알랑거리지 않고, 재산이 많더라도 없는 자에게 뽐내거나 시건방을 떨지 않으면 빈부 갈등이 악화되지 않을 것이다."[12] 일리가 있는 말이다. 사람들이 자신의 것에 만족하고 다른 사람을 자극하지 않는다면 빈부의 차이로 인한 갈등이 덜 일어날 것이다. 하지만 현재 빈부의 차이는 개선되지 않고 그대로 남게 된다.

공자는 자공의 해답을 들은 뒤에 자신의 생각을 내놓았다. "가난하더라도 올바른 길을 즐거워하고, 재산이 많더라도 문화 예술을 좋아한다면 빈부의 차이 자체가 문제가 되지 않을 것이다."[13] 공자와 자공의 차이는 적극성과 소극성에 달려있다. 자공은 상대에게 피해를 주지 않으면 그것으로 충분하다고 보므로 소극적인 특성을 갖는다. 반면, 공자는 사람이 빈부만이 아니라 다른 인문적 가치들에 관심을 갖게 되기를 바라고 있다.

얼핏 보면 빈부의 차이에 대해 자공은 개인 책임으로 떠넘기고, 공자는 문제를 회피하는 것으로 보일 수도 있다. 두 사람의 대화에서 자공과 공자는 문제의 발생 원인을 따지지도 않고 빈부의 차이를 해결하는 실천적 대안을 제시하지도 않기 때문이다. 두 사

---

12) 「학이」: 子貢曰, "貧而無諂 富而無驕, 何如?"(신정근, 71)

13) 「학이」: 子曰, "可也, 未若貧而樂道, 富而好禮者也."(신정근, 같은 곳)

람의 해답을 과연 비현실적인 희망 사항으로만 볼 수 있을까? 꼭 그렇지만은 않다.

모든 사람이 경제적 성공을 꿈꾼다고 해서 모든 사람이 현실적으로 성공할 수는 없는 것이다. 만약 모든 사람이 성공한다면 그때에는 또 다른 문제가 생겨날 것이다. 아울러 사람이 삶에서 경제적 성공 이외에 다른 가치를 인정하지 않고 그것만을 유일한 가치로 보는 것도 바람직하지 않다. 한 사회에서 인간적 가치가 다양하게 인정되는 만큼, 삶은 다채로울 수 있기 때문이다. 이렇게 본다면 공자는 빈부의 문제를 그 자체에만 국한시키지 않고 보다 넓은 틀에서 생각해 보길 제안하고 있는 것이다.

◆ 의리상고義利相顧를 향하여

『맹자』의 제일 첫 편에서 도의道義와 이익利益이 첨예하게 대립하는 관계로 그려지고 있기 때문에 유학은 이익에 대해 부정적이라고 오인하기 쉽다. 사마천司馬遷(145 BC?~86 BC?)이 『화식열전』에서 "부란 사람의 본성으로 배우지 않아도 모두 가지려고 한다."[14]라고 한 말에 미치지 못하지만, 공자도 사람이 도덕이나 사회적 가치를 위반하지 않을 경우 부의 추구를 부정한 적이 없다. 가정 환

---

14) 『사기』 「화식열전」: "富者, 人之情性, 所不學而俱欲者也."

사마천(궁형 전과 궁형 후)

사마천은 국가의 체계적인 지원 없이 개인의 역량으로 상고시대에서 한제국의 초기에 이르는 역사서를 집필했다. 그는 젊은 시절 관료로 나서면서 가문을 일으키기 위해서 치자治者의 꿈을 꾸었다. 그는 흉노족과 전쟁에 패한 이릉 장군을 변호하다가 치욕적인 궁형을 당했다. 그의 몸은 궁형 전후로 커다란 변화가 생겼다.

경이 좋지 않아 공자가 일찍부터 가계를 돌봐야 했던 만큼 경제 행위를 나쁘게 보지는 않았다.

　경제 민주화의 목소리가 높아지면서 기업은 사회적 책임에도 기여하지 않을 수 없게 되었다. 기업의 사회적 책임은 단순히 기업의 이미지를 좋게 관리하는 차원이 아니라 기업의 활동이 어디에 가치를 두어야 하는가에 대해 새로운 질문을 던지는 것이다. 이제 이윤 창출을 목표로 하는 기업에게 그렇게 창출된 이윤을 어디에 어떻게 써야 하는지 묻는 것이다.

과거에는 기업가가 이윤을 창출했으니 그것을 어떻게 사용하든 왈가왈부하지 않았다. 즉, "내가 벌어서 내가 쓰는데 누가 뭐라고 하는가?"라는 식이었다. 하지만 요즘에는 이윤 창출이 기업가 개인의 노력에만 있는 것이 아니라 노동자의 열정, 소비자의 관심, 지역 사회의 배려 등 다양한 요소에 의해서 일어난다고 본다. 따라서 "내 것을 내 마음대로"라는 차가운 논리가 아니라 "내 것도 이웃과 함께"라는 따뜻한 마음의 관점에서 접근할 필요가 있다.

◆ 시부사와 에이치와 일본 근대의 기업 경영

근대 일본에서 시부사와 에이치澁澤榮一(1840~1931)는 메이지 유신 이후로 급성장한 실업계가 탐욕과 부정의 유혹에 빠지지 않으려면 어떻게 해야 하는지 일찍부터 관심을 두었다. 그는 실업 윤리의 확립에서 그 해답을 찾고자 했다. 이를 위해 그는 공자가 주장하는 견리사의見利思義에서 그 실마리를 찾았다. 그는 『논어와 주판』에서 이를 의리합일義利合一로 제시한 바 있다.[15]

시부사와의 주장은 상당히 파격적이라고 할 수 있다. 보통 공

---

15) 시부사와 에이치, 노만수 옮김, 『논어와 주판』, 페이퍼로드, 2009. 한국어 번역본으로는 이외에도 몇 종이 있지만 모두 전역이 아니라 부분역이다. 시부사와 에이치의 의리義利에 대한 논의는 신정근, 「『논어』에 대한 경영학적 해석—시부사와 에이치의 『논어와 주판』을 중심으로」, 『동양철학연구』 61권, 2010 참조.

시부사와 에이치와 『논어와 주판』 한국어 번역본 표지

시부사와 에이치는 1867년(27세)에 파리만국박람회에 참가한 뒤에 선진 자본주의 국가의 산업 제도가 당시 일본에 비해 얼마나 우수한지를 몸소 깨달았다. 그 후 1869년 메이지 정부의 조세국장, 구조개혁국장을 맡고 일본의 조세, 화폐, 은행, 회계 제도를 근대적으로 개혁하였다. 1873년(33세)에 관직을 떠나 실업계에 투신한 뒤로 일본 자본주의의 아버지로 불린다. 그가 1927년에 쓴 『논어와 주판』은 일본의 자본주의가 탐욕과 부정부패에 빠지지 않을 수 있는 길을 찾은 책으로 높이 평가받고 있다.

자를 중의경리重義輕利, 즉 도의를 중시하고 이익을 경시하는 인물로 생각해 왔기 때문이다. 전근대에는 상업과 실업이 전통, 종교 문화 등의 제약을 받았지만, 근대에는 그런 제약이 없는 만큼 윤리(도덕)라는 새로운 규제를 받아야 한다고 생각한 것이다.

하지만 공자의 주장은 의리합일보다는 의리상고義利相顧에 가

깝다고 할 수 있다. 의와 리가 합일되려면 윤리와 이익이 하나로 결합할 수 있는 근거가 마련되어야 한다. 그렇지 않으면 애초에 서로 합칠 수 없는 것을 억지로 결합시키게 되는 것이다. 즉, 이혼을 전제로 한 결혼일 뿐이다.

수레는 좌우의 바퀴를 달고서 길에 설 수 있고, 또 앞으로 나아갈 수 있다. 바퀴 하나가 빠지게 되면 수레는 앞으로 나아갈 수 없다. 이처럼 윤리와 이익도 상대를 철저히 배제하고 독주할 수는 없다. 둘은 수레의 두 바퀴처럼 서로를 돌아보며 나아갈 때 서로 튼튼하게 더 오래갈 수 있다. 즉, 의리상고해야 하는 것이다.

근대 사회는 신의 은총을 더 크게 한다는 조건으로 사익 추구라는 사람의 세속적 욕망을 긍정했다. 하지만 셰익스피어(1564~1616)의 『베니스의 상인』을 보면 사익 추구에 골몰하는 사람에 대한 부정적 인식이 그려지고 있다. 베니스의 상인 안토니오는 친구 바사니오를 위해, 자신의 배를 담보로 하여 유대인 고리대금 업자 샤일록으로부터 돈을 빌렸다. 물론 돈을 갚을 수 없을 때에는 자신의 살 1파운드를 제공한다는 증서를 써 주었다.

배가 정해진 기일에 돌아오지 않자 샤일록은 증서대로 살을 요구했다. 물론 이야기는 샤일록의 요구대로 진행되지 않는다. '피 흘리지 않는 살'이라는 묘안으로 살을 내놓지 않게 되고 늦었지만 배가 돌아옴으로써 모든 일이 해피엔딩으로 끝난다. 하지만 금융 자본가(샤일록)는 이익을 위해서 피도 눈물도 없는 냉혈한으로 그

셰익스피어

셰익스피어는 그의 명성에 비해서 전기적 사실이 불명확한 채로 남아 있다. 생일도 그렇고 유년 시절의 기록도 그렇다. 셰익스피어는 『베니스의 상인』에서 주인공 샤일록을 유대인으로 묘사함으로써 당시의 반유대인 정서를 드러내고 있기도 하다.

려질 정도로 사회적 지탄의 대상이었다. 당시 '반기업 정서'는 극심했던 것이다.

하지만 오늘날 우리는 성공한 기업가를 셰익스피어가 그렸던 것처럼 차가운 사람으로만 보지 않는다. 오염된 물을 마시는 아프리카 사람들을 위해서 현대의 기업은 우물을 뚫는 기부에 나서고 있다. 그렇다고 무턱대고 기업가 하면 따뜻한 사람으로 바라보지도 않는다. 얼마전에 겪었듯이 부실 금융 기관들이 영업을 정지당하기 전에 경영진은 미리 예금을 빼돌렸고, 힘없는 서민들은 그 막대한 손해를 그대로 떠안았다.

만약 기업가만이 아니라 이 시대를 살아가는 사람 모두 좀 더 따뜻한 사람이 되어야 한다고 생각한다면, 이제 의리상고의 가치를 되새겨 봐야 하지 않을까! 즉, "내 것을 내 마음대로"에서 "내 것을 이웃과 함께"라는 마음을 가지는 것이다. 이것은 또 내 삶의 여유가 궁극적으로 어디에서 왔는지를 전체적으로 살펴 보는 자세의 전환이라고 할 수 있다.

예는 불편한 것을 편하게 하는 길

2013년 7월 7일에 아시아나 항공기가 샌프란시스코 공항에 착륙하다가 동체의 후미가 활주로에 충돌한 사고가 일어났다. 사고 당시에 이미 2명이 숨지고 200명 가까이 부상을 입을 정도로 대형 사고였다. 이 사건의 개요가 보도된 뒤에 추가로 여러 가지 소식이 알려지기 시작했다.

인터넷을 뒤지던 중에 논란을 일으킨 사진 한 장을 보게 되었다. 승객 중의 어떤 사람이 비행기에서 탈출한 뒤에 가방을 깔고 앉아서 구조대를 기다리는 장면이었다. 처음에는 "그럴 수 있지!"라며 대수롭지 않게 생각했다. 조금 뒤 항공기 사고에서 지켜야 할 90초의 규칙을 떠올리니 소름이 쫙 끼치기 시작했다.

항공기 사고의 경우 피해를 최소화시키려면 승무원들은 사고가 발생한 이후 90초 안에 승객을 피신시켜야 한다. 그렇지 않으면 폭발과 추락 등으로 인해 수많은 인명이 희생될 수 있기 때문이다. 물론 개인적으로 판단으로 "안전하다"고 생각해서 급히 탈출한 뒤에 한숨을 돌리며 사태의 진행을 관찰할 수도 있다. 이처럼 급박한 상황에서는 개인적 판단보다 전문가의 판단에 따르는 것이 피해를 줄일 수 있다.

승객이 대피하는 급한 순간에 누군가가 자신의 짐을 챙기려고 주위를 돌아보며 꾸물거리면 자연히 다른 사람의 움직임을 방해하게 된다. 내가 2초를 어물쩡거리면 바로 다음 사람이 2초 느리게 움직이게 되고, 그 다음 사람은 4초 느리게 움직일 수밖에 없다. 이렇게 서성거리다 보면 제일 뒤의 사람은 10초, 아니 살아날 수 있는 시간을 그냥 버리게 되는 것이다.

◆ 예는 윤활유이다

'내'가 순간적으로 무슨 판단을 하고 어떻게 움직이느냐에 따라 다른 사람은 살 수도 있고 죽을 수도 있는 긴박한 일이 일어나게 된다. 이때 우리는 어떻게 해야 다른 사람에게 피해를 주지 않고 모두 무사히 구조될 수 있을까? 단순히 "승무원의 안내와 지시를 잘 따르면 된다"라는 식으로는 충분하지 않다.

샌프란시스코 공항 항공기 사고

대형 사건사고의 현장은 순간을 다툰다. 순간의 대처 여하에 따라 2차 사고와 추가 피해가 발생할 수 있다. 이때 개인은 통제받지 않고 자유로운 활동을 할 수 있어야 하는가 아니면 통제를 받으면서 행동해야 하는가? 예는 멀리 있는 것이 아니라 바로 이 물음의 회답과 관련이 된다.

    인터넷에 떠도는 사진처럼 아무리 승무원이 호소한다고 하더라도 사람이 고집을 피우며 제 하고 싶은 대로 하려고 들 수 있기 때문이다. 이처럼 긴박한 순간에 어떻게 하느냐를 보면 사람이 평소에 자신의 인격을 어떻게 가꾸어 왔는지 참으로 쉽게 드러나기 마련이다.

    샌프란시스코의 항공기 사고의 경우에 우리는 두 가지 행위를 할 수 있다. 하나는 누가 뭐라고 하든 다른 사람이 어떻게 되건 상관없이 나는 소중한 짐을 챙기려고 할 수 있다. 다른 하나는 나의 짐을 챙기는 것보다 다른 사람의 생명을 챙기는 것에 집중하며 90초의 규칙을 칼같이 지키려고 할 수 있다.(짐은 사후에 보험 처리로 보상받을 수 있다)

90초의 규칙을 지키는 것보다 짐을 먼저 챙겨야 한다면 우리는 이야기를 길게 할 필요가 없다. 자신의 짐을 챙기는 것이 본능이라고 한다면, 그 사람은 어떠한 순간에도 지체 없이 본능대로 행동할 것이기 때문이다. 반면 짐을 챙기는 것보다 90초 법칙을 지키는 것이 바람직하다고 생각한다면, 우리는 어떻게 이런 행동이 가능한지 생각해 볼 만하다.

공자는 공포에 눌린 동물이 이리저리 날뛰는 것이 아니라 사람이 사람답게 행동하는 길을 고민했다. 사람이 죽으면 시신을 그냥 내다버리는 것과 매장을 하는 것 중 어떤 것이 사람다운지 고민해서 후자대로 하자고 했다. 시각장애인과 어울리면서 그냥 쳐다만 보는 것과 자리를 안내하는 것 중 어떤 것이 사람다운지 따져보고서 후자대로 하자고 했다. 그리고 사람과 사귀다가 좀 친하게 되면 말을 함부로 하는 것과 처음 만난 듯이 공경하는 것 중 어떤 것이 사람다운지 숙고해 보고서 후자대로 하자고 했다.

공자는 사람이 사람답게 행동하여 사람 사이가 편해지고 안정감을 느끼게 되기를 바랐다. 그는 예禮를 통해 사람 사이가 거슬리거나 불편해지지 않는다고 생각했다. 이는 예의 어원만 따져 봐도 어느 정도 이해할 수 있다.

◆ '예' 자의 어원

예禮 자는 조상신을 나타내는 시示, 제단과 그릇에 담긴 제물을 나타내는 풍豊으로 되어 있다. 글자 자체가 산 사람이 죽은 사람에게 다가가려면 제물을 갖추고 차례를 지내는 제사 예식을 치르는 과정을 나타내고 있다. 우리는 출출해지면 밤참으로 라면을 끓여 먹고 아침에 시간이 없으면 빵으로 식사를 대신한다. 즉, 우리가 상황에 따라 편한 대로 하면 그만이다.

제사는 그렇지 않다. 바쁘다고 해서 건너뛸 수가 없고 부족하다고 해서 대충 지낼 수는 없다. 제사를 지내는 사람은 정성껏 제물을 준비해서 정해진 절차대로 제사를 진행해야 한다. 만약 정성이 들어가지 않는다면 제사를 제대로 지냈다고 할 수가 없는 것이다.

이것은 연애와 접대에도 적용된다. 젊은 남녀가 연애한 지 100일, 300일이 되면 다른 날과 다르게 보내야 연애 감정이 깊어진다. 다른 날과 똑같이 지낸다면 사람이 서로에게 다가가는 방식에 문제가 있는 것이다. 접대도 관계를 터 가려는 사람 사이를 가깝게 만든다. 이처럼 연애와 접대도 정성과 진실이 묻어나야 오래 갈 수 있다. 같이 잘 일해 보자고 하면서 상대를 길가다 부딪치는 사람처럼 대우한다면 관계가 깊어질 수가 없는 것이다.

孔子生而叔梁紇死
孔子為兒戲常陳俎
豆設禮容

聖父兒戲
俎豆是待
登持術仰
有容有儀　降
不學而能
不聞而識
化浹群童
名傳列國

조두예용俎豆禮容_제기를 차려 놓고 예절을 익히다

김진여金振汝, 1700, 비단에 채색, 32×57cm, 국립중앙박물관

조두는 제사에 쓰이는 그릇을 말하고, 예용은 예의를 갖추면서 행동하는 것을 말한다. 공자는 어린 시절에 장난감이나 칼을 가지고 놀거나 컴퓨터 게임을 하지 않았다. 그는 제사 의식을 치르는 놀이를 하면서 놀았다. 아이의 놀이치고는 좀 기이해 보인다. 훗날 학자들은 공자의 놀이를, 그가 성장할 미래의 씨앗으로 해석하기도 한다. 어찌 보면 아이가 TV를 보고 따라하는 것과 같지 않을까?

이렇게 보면 예는 자동차의 수많은 기어(부품)가 마모되지 않고 잘 돌아가도록 해주는 윤활유와 같다고 할 수 있다. 보통 '예'하면 사람들은 뭔가 복잡하고 번거롭고 힘든 노동으로 생각한다. 사실 예는 죽은 사람과 산 사람, 신과 사람, 산 사람과 산 사람, 국가와 국가, 장군과 병사 등 다양한 관계가 편안하게 이어질 수 있도록 '지키면 좋은 것'에서 출발했다. 이제 처음의 이야기로 돌아가 보자. 결국 우리가 예를 배워서 익힌다면, 나의 짐을 챙기기보다는 90초의 법칙을 지키기 쉬울 것이다.

◇ 예는 마음을 표현한다

예가 윤활유처럼 사람 사이를 부드럽고 편하게 만드는 촉매 역할을 한다고 해도 사람들은 이를 쉬이 믿으려고 하지 않는다. 청나라 학자 대진戴震(1723~1777)과 근대 계몽 사상가 우위吳虞(1872~1949)는 예가 사람의 행위를 제약하는 것을 넘어서 사람이 하고 싶은 것을 못하게 하고 또 하기 싫은 것을 억지로 하게 한다고 보았다. 그들은 예가 가진 파괴적 측면을 극단화시켜서 "예로 사람을 죽인다."라는 이례살인以禮殺人의 구호를 외쳤다.

시대마다 사람을 억압하는 것이 다르므로 '예' 대신에 얼마든지 다른 것을 넣어서 비리와 부정의를 밝혀낼 수 있을 것이다. 돈(자본)이 사람을 죽인다면 이전살인以錢殺人이라고 할 수 있다. 우

대진

청제국 초기의 학자이다. 그는 성리학의 주관주의가 진리와 의견을 헷갈리게 만들었다고 보았다. 대신에 그는 바꿀 수 없는 객관적 기초 위에서 학문을 정초하고자 했다. 이러한 학문관은 낱말의 발음과 의미, 개념의 기원과 전개 등을 엄밀하게 밝히는 고증학考證學의 방법을 채택하게 되었다. 대표 저작으로는 우리말로도 번역된 『맹자자의소증孟子字義疏證』 등이 있다.

리나라의 말에 합리성合理性은 있지만 합례성合禮性은 없다. 하지만 공자나 이황의 언어 감각으로 보면 둘 다 있을 성싶다. 사람은 이치에 맞게 살아야 하고 예절을 지키며 살아야 하기 때문이다. 거꾸로 우리가 그만큼 예를 받기지 않았기에 '합례성'이 없는 것이다.

이런 구호가 득세를 하다 보니 예가 가진 소박한 측면도 덩달아서 그냥 묻히게 되었다. 공자가 살았을 적에도 예는 자명한 것이 아니라 늘 그 근거를 물으면 답을 해야 했던 대상이었다. 『논어』를 보면 예의 본바탕을 주제로 임방과 공자가 대화를 나누고 있다.

우위

우위는 중국 근대의 계몽 사상가이다. 그는 『신청년』을 통해 가족 제도, 효도, 예교禮敎 등이 인간을 억압하는 측면을 강하게 비판했다. 이로 인해 그는 5·4운동 시기에 많은 사람들에게 큰 영향을 끼쳤다. 저서로 『오우문록吳虞文錄』 등이 있다.

임방이 공자에게 예의 본바탕을 물었다.

공자가 대답했다. "좋은 질문이네요! 예는 호화니 사치를 부리기보다는 차라리 꾸밈없이 수수한 것이 낫지요. 상사는 매끈하게 진행하기보다는 차라리 참으로 슬퍼하는 게 낫지요."[16]

오늘날 우리는 결혼식과 장례식을 치를 때 '호화사치'라는 말로부터 완전히 자유롭지 못하다. 귀한 자식이 결혼하면 한 번 뿐인

---

16) 「팔일」: "林放問禮之本. 子曰: 大哉問! 禮, 與其奢也寧儉. 喪, 與其易也寧戚."(신정근, 117)

만큼 잘 갖춰서 식을 치르고자 한다. 분위기가 자꾸 이렇게 흘러가다 보니 돈이 없으면 결혼을 못하는 것처럼 여겨지기도 한다. 상례도 주위 사람들의 눈치를 보다 보면 자꾸만 '더 좋은 것'에 눈길이 가기 마련이다.

임방과 공자의 이야기를 보면 그 당시에도 호화사치의 예식이 많았던 모양이다. 하지만 공자는 그러한 사회 풍조를 달가워하지 않았다. 상례는 죽은 이를 추도하는 것이 기본이므로 슬픔이 중요하고, 예식은 사람끼리 잘 어울리는 것이 기본이므로 검소가 중요하다.

공자의 설명이 좀 부족했든지 훗날 순자는 예식을 마음과 연관 지어서 다시 설명했다.

"예는 사람 마음을 따르는 것을 기본으로 한다. 그래서 예의 경전에 매뉴얼이 없더라도 사람의 마음에 따르면 모두 예이다."[17]

이제 문제는 간단하다. 결국 사람이 자신의 마음을 어떻게 담아내는 게 편하며 바람직한지 생각하는 것에 달려 있다. 결혼을 호화롭게 치러야 내 마음에 든다면 성대한 결혼식이 그 사람의 예가 되는 것이다. 이때 남에게 지지 않기 위해서 호화롭게 한다든가 빚

---

17) 「대략大略」: 禮以順人心爲本, 故亡於禮經, 而順人心者, 皆禮也.

태묘문례太廟問禮_태묘에서 예를 묻다

작자 미상, 1742, 종이에 담채, 33×54cm, 성균관대학교박물관

太廟問禮

孔子嘗助祭太廟每事
問或曰孰謂鄹人之子
知禮乎入太廟每事問
子聞之曰是禮也

공자가 노나라 태묘太廟의 제사 의식을 집전하면서 예식 관련 사항을 다른 사람에게 꼬치꼬치 캐물었다. 당시 사람들은 공자를 예식 전문가로 알고 있던 터라 이 일을 두고 말이 많았다. 공자는 이런저런 소문에 조금도 개의치 않고 물어서 일을 처리하는 것이 예에 맞는다는 반응을 보였다. 제사 지내는 방식이 지역마다 다르듯이 예식은 잘 안다고 해도 실수로 잘못할 수 있다. 확실하지 않으면서 묻지 않아서 실수를 하느니 물어서 예식을 제대로 치르는 게 중요하다. 공자는 체면보다 임무를 더 중시했던 것이다.

을 내서라도 낭비에 가까운 허례를 치른다면, 그 마음은 예식에 참여한 사람의 공감을 얻지 못할 것이다. 반면 찬물 한 그릇 떠놓고 결혼을 치르더라도 두 사람이 만족하고 행복해 한다면 조촐한 결혼식이 그 사람의 예가 되는 것이다. 이때 두 사람이 진정으로 사랑한다면 찬물은 두 사람의 언약을 상징하므로 예물의 다과가 문제되지 않는다.

또 다른 문제가 있다. 나 혼자가 아닌 우리 모두가 어떤 결혼식이 우리의 마음을 제대로 담아내는 것으로 보느냐가 중요하다. 따라서 예 자체가 문제가 아니라 한 시대를 살아가는 사람의 생각이 문제인 것이다. 성대한 결혼식과 조촐한 결혼식은 법이 아니라 사회적 합의로 이어지게 되는 것이다.

아시아나 항공기 사고로 돌아가 보자. 나의 짐을 챙기는 것과 90초의 규칙을 지키는 것 중 어느 것이 우리의 마음을 담는다고 생각되는가? 나의 짐을 먼저 챙기는 것이 나의 예라고 할 수 있겠지만, 그것은 다른 사람으로부터 사회적 동의를 얻어 내기가 어렵다. 90초의 규칙을 지니는 것은 특정한 상황에서 '나'만을 고집하는 사람을 제외한 다른 사람과 사회적 합의를 얻을 수 있다. 이렇게 특정한 상황에서는 개인의 관점이 아니라 전체의 관점에서 일반 규칙을 존중하는 것이 그 시대의 예의 시작이라고 할 수 있다.

예컨대 1970~80년대만 해도 연인이 공공장소에서 애정 표현을 제대로 할 수가 없었다. 공공연하게 애정을 표현하면 사랑의 진실성마저도 의심을 받았다. 즉, 공공연한 애정 표현이 그 시대의 예가 될 수 없었기 때문이다. 요즘도 공공장소에서 과도한 애정 표현이 간혹 인터넷에서 문제가 되곤 한다. 그렇다고 연인이 손을 잡거나 포옹하는 것을 가지고 "에미애비도 없는 놈"으로 매도하지 않는다. 어느 정도의 애정 표현이 이 시대의 예가 된 것이다.

이처럼 예가 시대마다 바뀌는 만큼 그 시대마다 서로 합의할 수 있는 예를 만들 필요가 있다. 원래 예는 사람 사이에서 편한 것을 불편하게 하는 것이 아니라 불편한 것을 편하게 만드는 것이기 때문이다.

사람을 제대로 아는
삶의 기술

단체나 조직을 잘 이끌려면 인사를 잘 해야 한다. 그래서 "인사가 만사다."라고 한다. 아무리 지도자나 리더가 뛰어나다고 하더라도 혼자서 모든 일을 다 할 수는 없다. 혼자서 다 못하는 일은 다른 사람의 도움을 받지 않을 수가 없다. 이때 어떤 사람을 쓰느냐가 모든 일의 성패를 좌우할 수 있다. 이 때문에 "인사가 만사다."라는 말을 하는 것이다.

대선을 치른 뒤에 새 정부가 출범하게 되면 대통령은 자신과 함께 일할 새 인물을 선임하게 된다. 이 중에는 시민과 언론으로부터 환대 받는 인사도 있지만 냉대 받는 인사도 있다. 청문회에서 결격 사유가 발생하게 되면 당사자가 사과하고 사퇴하는 일이

종종 일어난다. 이때가 되면 여론과 언론은 "하필이면 그런 사람을 썼는가?"라고 비판한다. 아마 임명권자는 "열 길 물속은 알아도 한 길 사람 속을 어떻게 아느냐?"라며 비판의 목소리에 항변할 것이다.

◇ 인재를 찾는 법

기업은 늘 유능한 인재를 찾느라 혈안이 되어 있다. 기업 경영에서 사람이 차지하는 비중이 나날이 늘어나고 있기 때문이다. 웬만한 일은 기계와 매뉴얼에 의해서 효율적으로 처리될 수 있지만 새로운 아이디어, 창의적인 사고는 결국 사람이 발휘할 수밖에 없다. 개인 차원에서도 어떤 사람과 잘 어울리느냐 하는 것은 중요하다. 술친구도 있어야겠지만 어려울 때 따끔하게 충고하거나 도움을 주는 친구가 있다면 인생살이가 여간 든든한 게 아니다.

어떻게 좋은 사람인 줄 알 수 있을까? 다들 자기가 인재라고 외치는 상황에서 어떤 사람이 진정으로 인재인지 또는 좋은 사람인지가 알기는 쉽지 않다. 이 때문에 우리나라 어느 기업에선 신입사원을 뽑는 면접장에 관상가를 옆에 두었다는 이야기가 전해진다. 한 번 사람을 잘못 뽑으면 쉽게 나가라고 하지 못하고 나중에 큰일을 낼 수 있으므로 미리 예방하자는 취지이리라.

그런데 1990년대 영국의 동물학자 데즈먼드 모리스Desmond

공자 부조상孔子浮彫像
600×1000cm, 성균관대학교 인문사회과학캠퍼스 학생회관

공자 사구상孔子司寇像
작자 미상, 1742, 종이에 담채, 33×54cm, 성균관대학교박물관

공자 사후에 그를 기리기 위해서 다양한 그림과 부조가 만들어졌다. 이때 공자의 복식은
면류관을 쓴 왕의 모습이나 포의布衣를 입는 모습 또는 사구司寇의 복장을 갖춘 모습으로
나타난다. 포의는 일반 평민이 입던 옷이고, 사구는 범죄와 형벌을 주관하던 관직의 옷을
말한다. 후자는 공자가 노나라에서 재직하며 최고 관직에 있었던 것을 나타내고, 전자는
공자가 짧은 관직 생활 이외에 평민으로 지냈던 시절을 나타낸다.

Morris의 『맨 워칭*Man Watching*』을 읽고 나면 사람 관찰하기가 그렇게 어렵지 않다.[18] 사람은 속이거나 거짓말도 하지만 또 사람만큼 자신을 그대로 드러내는 동물이 없다. 제 딴에는 거짓말을 한다고 하지만 행동거지에게 모든 게 드러나는 경우가 많다. 이를 두고 "얼굴에 씌어 있다."라고 말하는 것이다.

데즈몬드 모리스의 관찰에 따르면 운동선수가 골을 넣으면 팔짝 팔짝 뛰며 기뻐하고 실수를 하면 몸을 움츠리거나 숨으려고 한다. 즉, 잘하면 자신을 더 크게 보이려고 하고 못하면 자신을 더 작게 보이려고 하는 것이다. 좁은 공간에서 어떤 사람이 다가서면 우리는 그만큼 뒤로 물러나려고 한다. 사람 사이에 적정한 거리를 두어서 안정감을 가지려고 하기 때문이다.

이런 형태를 보면 사람은 이성적인 동물일 수는 있지만, 무엇보다 '털 없는 원숭이'로서 본능에 따라 움직인다는 것을 알 수 있다. 『맨 워칭』에 따르면 사람이 문화권마다 조금씩 다르기는 하지만 결국 어느 정도 비슷한 패턴을 보인다. 물론 이러한 관찰의 결과를 통해 우리는 사람을 조금 더 잘 이해할 수 있을 뿐, 어떤 사람이 좋은지 판단을 내릴 수는 없다.

---

18) 데즈몬드 모리스, 과학세대 옮김, 『맨 워칭―인간 행동을 관찰한다』, 까치, 1994 참조.

『맨 워칭—인간 행동을 관찰한다』

사람은 다 다른 것처럼 보인다. 특히 미세하게 들여다보면 같은 점이 하나도 없어 보인다. 하지만 소수가 아니라 다수의 사람을 관찰하다 보면 지역적으로나 일반적으로나 같은 특징이 보인다. 스포츠 경기에서 골을 넣으면 선수가 자신을 크게 보이려고 하는 행동을 하고 실수를 하면 움츠러드는 행동을 한다. 절친한 사람을 오랜만에 만나면 과격한 표현으로 반가움을 표시한다. 일종의 통계적 수렴성이라고 할 수 있다. 특정 지역의 문화적 특성이나 인류 일반의 행동 특성을 나눠서 보면 사람을 보다 잘 이해할 수 있다. 모리스는 이 책에서 이를 세심하게 잘 관찰해서 보고하고 있다.

◇ 동아시아 고전의 맨 워칭

공자를 비롯해서 중국 철학에서도 'Man Watching'을 중요한 주제로 삼았다. 'Man Watching'을 번역하면 사람 관찰하기, 즉 관인觀人이나 식인識人 또는 사람 파악하기, 즉 지인知人이라고 할 수 있다. 제자 번지樊遲가 "앎이란 무엇인가요?"라고 물었다. 공자는 앎을 "사람을 아는 것이다."라고 할 정도로 사람 파악을 중요한 문제로 여겼던 것이다.

이것은 동양 철학에서 독특한 주제, 즉 사람의 이모저모를 낱낱이 따져 보는 방인方人 또는 그렇게 따져서 등급을 나누는 품인品人으로 발전하게 되었다. 예컨대 삼국시대 유소劉邵는 『인물지人物

번지

이름은 번수樊須이고 자는 자지子遲이며, 공자의 제자 중 72현에 들 정도로 학구열이 높았다. 농사 등 공자가 관심을 덜 갖는 분야에 대해 질문을 했고, 한 번의 대답에 만족하지 않고 끝까지 꼬치꼬치 캐묻는 성격을 가지고 있었다.

志』를 집필하여 사람이 스스로 자신을 드러내는 징후를 다양하게 분류한 적이 있다.

첫 번째 편 「구징九徵」은 성정이 밖으로 드러난 아홉 가지 징험을 다루고 있고, 두 번째 편 「체별體別」은 사람의 다양한 재질에 따른 성격의 구별을 다루고 있다. 아마도 그가 유재시거唯才是擧, 즉 재능이 있으면 누구든 등용하겠다는 조조曹操(155~220)의 비서랑을 지냈던 만큼, 현실적 필요에 따라 인재 식별에 대한 탐구를 더욱 깊이 진행했으리라.[19]

19) 유소, 이승환 옮김, 『인물지』, 홍익출판사, 1999; 박찬철 · 공원국, 『인물지—제왕들의 인사 교과서』, 위즈덤하우스, 2009, 4쇄 2012 참조. 오늘날의 이중톈은 이러한 방인 전통을 이어받고 있

위 무제 조조

후한의 후기가 될수록 사회는 특정 가문에 의해서 권력과 부가 세습되는 경향이 강해졌다. 학문적 식견과 커다란 포부를 가진 신진 세력이 자신의 기량을 펼칠 수 있는 기회는 갈수록 축소되었다. 이러한 후한의 질서가 무너지면서 위魏·촉蜀·오吳의 삼국시대가 열리게 되었다. 촉나라의 유비는 조조 등 권신에게 의해서 권력이 농단되는 폐해를 막기 위해서 한실의 부흥을 기치로 내걸었다. 조조는 인재 등용에서 가문, 직업 등 후천적 제한을 철폐하는 조치를 취했다. 훗날 유비와 조조 중 누구를 정통으로 봐야 하는가에 대한 역사관의 문제가 생겨났지만, 유비보다 조조가 시대의 정신을 제대로 읽어냈기 때문에 통일을 성취할 수 있었다.

『논어』에도 '관인', '지인', '방인'의 말이 있는 것을 보면 공자도 '맨 워칭'에 많은 관심을 가졌다고 할 수 있다. 그는 사람을 관찰한 결과 데즈몬드 모리스와 달리 규범적인 결론을 내렸다. "듣기에 솔깃한 말이나 유들유들 웃는 얼굴을 한다면, 그런 사람에게서 고상함을 찾기 어렵다."[20] 즉, 공자는 교언영색巧言令色하는 사람을 가까이하며 사귀지 말라고 요구하고 있는 것이다.

다. 이와 관련해서 이중톈, 박주은 옮김, 『품인록』, 에버리치홀딩스, 2007 참조.

20) 「자로」: "巧言令色, 鮮矣仁."(신정근, 497)

얼핏 사람이 주위 사람에게 호감을 주려면 교언영색해야 하지 않느냐 하고 생각할 수 있다. 사회 생활을 하다보면 특히 감정 노동의 경우처럼 제 마음대로 살 수 없고 다른 사람의 비위를 맞춰 주어야 한다고 생각하는 것이다. 즉, 사람이 제 감정대로만 살 수 없고 "웃기 싫어도 웃어야 하고 슬퍼하기 싫어도 슬퍼해야 한다"라는 것이다.

교언영색은 단순히 주위 사람들의 분위기와 감정을 제대로 헤아린다는 뜻이 아니다. 그것은 속으로 부글부글 끓으면서도 간을 빼줄 듯이 살살 웃고, 속으로 뛸 듯이 기쁘면서도 주위의 반응을 살피느라 애써 슬퍼하는 것이다. 교언영색은 기만을 전제하고 있다는 점에서 절제를 중시하는 감정 노동과는 다른 것이다.

이처럼 교언영색은 겉과 속이 다르다 보니 사람의 진실성이 무엇인지 도무지 알 수 없게 한다. 아니 자신의 이익을 위해서라면 어떠한 역할이라도 연기해 낼 수 있는 것이다. 그래서 공자는 일단 교언영색하는 사람과 어울리지 말 것을 주장했던 것이다.

이제 당신이 막 조그만 마을의 군수나 지점장으로 취임했다고 가정해 보자. 평소 그곳의 사정을 훤히 안다면 걱정할 게 없겠지만 물설고 낯선 곳이라면 부임하기 이전부터 걱정이 엄청날 것이다. 닳고 닳은 아전과 지방의 토호 세력의 견제를 어떻게 이겨낼 수 있을지 걱정되기 때문이다. 이때 "일을 원칙대로 처리한다", "사안을 공정하게 판단한다"라는 일반적인 지침은 그리 큰 위안이 되지 않을 것이다.

정약용丁若鏞(1762~1836)은 이런 상황을 예상해서 『목민심서牧民心書』를 지었다. 목민관은 특정 지역을 관할하는 최고의 책임자이다. 낯선 곳에 부임하는 목민관이 경전에서 배운 지식과 넘치는 의욕만으로는 현실에서 부닥치는 세세한 사건이나 복잡하게 뒤엉킨 사안을 명쾌하게 처리하기란 쉽지 않다. 또 사람이 얼마나 다양한지, "사람들이 다 이럴 것이다!"라고 지레 짐작하고 덜컥 믿었다가 낭패 보는 일도 부지기수일 수 있다.

정약용은 '만약'의 상황을 가정해서 "이때는 이렇게 하고 저때는 저렇게 한다."라는 매뉴얼을 세세하게 규정하고 있다. 이 매뉴얼이 모든 것을 해결해 주지는 못하겠지만 그걸 손에 쥐면 든든할 것이다. 물론 책의 내용이 현실의 모든 사례를 설명해 줄 수는 없지만 지침으로 작용할 수는 있기 때문이다.

◆ 공자가 삼 단계로 사람을 관찰하다

제자 중궁仲弓도 읍재邑宰가 되고 나니 걱정이 이만저만이 아니었다. 그는 공자에게 응급구조 신호를 보냈다. 선생님이 노하우를 말했다. "실무자에게 먼저 모범을 보이고, 작은 실수를 문제 삼지

사의재

사의재四宜齋는 '네 가지를 마땅히 해야 할 방'이라는 뜻이다. 다산 정약용이 1801년 강진에 유배 와서 처음 묵었던 장소이다. 정약용은 주모의 배려로 이곳에서 4년 동안 기거하였으며, 『경세유표』 등을 집필하고 강진의 첫 제자들을 교육하였다. 주막에서 막걸리를 마시며 작은 방에 도란도란 들려오는 소리를 들을 수 있으면 좋겠다.

다산초당

다산초당은 정약용의 수많은 저술이 잉태된 산실이다. 약간 가파른 산길을 오르면 비밀
아지트와 같은 작은 공간이 나온다. 다산초당茶山草堂의 글씨는 추사 김정희의 글씨를 모
은 것이다. '산山' 자와 '초草' 자의 모양이 독특하다. 산은 접근을 불허할 정도로 우뚝 솟
아 있지 않아 세 봉우리가 감싸주는 형국을 하고, 풀은 산과 달리 우뚝 솟아나서 자신의
존재를 알리고 있다. 이 글자를 집자하면서 무엇을 생각했을까? 주위를 둘러보면 "나무
위에 한 번 피고 떨어져서 땅 위에 한 번 핀다."라는, 두 번 피는 동백꽃이 흔하다.

않고, 뛰어난 인재를 발탁하라."[21]

　앞의 두 가지는 구체적인 처방으로 보이지만 뒤의 한 가지는 도통 감이 잡히지 않는다. 왜냐하면 중궁 자신도 좋은 인재를 발탁하자는 것에 반대하지 않지만, 이제 막 새로 부임해서 누가 뛰어난 인재인지를 어떻게 알아서 발탁할 수 있는가 하는 것이 더 큰 문제이기 때문이다. 사실 추상적으로 좋은 말이 구체적인 상황에서 별다른 도움이 되지 않는다.

　공자는 제자의 마음을 헤아렸는지, 이어서 "자네가 눈에 띄는 사람부터 발탁하시게. 자네가 알아차리지 못하는 인재가 있다면, 주위 사람들이 가만히 있지 않을 걸세."[22]라고 덧붙인다. 공자의 이 말도 구체적이지 않다고 불만을 가질 수 있다. 하지만 잘 생각해보면 우리는 어떤 원칙이 덜 구체적이라서 문제가 되는 것이 아니라 자신의 원칙이 무엇인지 정확하지 않아서 문제가 될 때가 많다.

　새로운 역할을 맡게 될 때 사람이라면 누구나 "어떻게 이끌어갈까?"라고 고민하게 된다. 이때 주위 사람을 잘 몰라서 어떻게 할 수 없다며 리더의 어려움을 하소연할 수 있다. 중요한 것은 하소연을 하는 것이 아니라 자신의 기준이 무엇이고 방향이 어디에 있는지 정확하게 하는 것이다. 그것이 분명하지 않다 보니 자신과 조직

---

21) 「자로」: "先有司, 赦小過, 舉賢才."(신정근, 497)

22) 「자로」: "舉爾所知. 爾所不知, 人其舍諸?"(신정근, 같은 곳)

이 불안해지는 것이다.

자신의 원칙이 분명하고, 그 원칙이 근본적으로 문제가 되지 않는다면, 주위 사람이 괜히 반대할 수 없기 때문이다. 먼저 주위 사람을 불신할 게 아니라 자칫 자신의 정체가 흐릿하지 않은지 걱정해야 할 것이다.

자신의 정체를 분명히 한다고 하더라도 주위 사람이 어떤 사람인지 저절로 알 수는 없다. 공자는 이와 관련해서 주의 깊게 찾아보는 시視, 뚫어지게 들여다보는 관觀, 세세하게 살펴보는 찰察 등의 세 가지 방법을 제시하고 있다. 우리는 사람에 대해 두 가지 불안을 느낀다. 하나는 자신이 사람을 제대로 알아보지 못할까 걱정하는 것이다. 다른 하나는 다른 사람이 우리에게 속일까 걱정하는 것이다. 전자와 관련해서 공자는 우리 먼저 자신의 정체를 분명히 하라고 조언했다. 그렇다면 후자는 어떻게 되는 것일까?

"그 사람이 함께하는 사람을 찾아보고, 그 사람이 좇는 방법을 들여다보고, 그 사람이 편안해 하는 상태를 살펴본다면, 그 사람이 어떻게 자신의 정체를 숨길 수 있겠는가?"[23]

시·관·찰의 세 단계는 다면적인 관찰이라고 할 수 있다. 사람

---

23) 「위정」: "視其所以, 觀其所由, 察其所安. 人焉廋哉?"(신정근, 92)

「윤두서 자화상」

윤두서尹斗緖(1668~1715)는 윤선도의 증손이자 조선 후기의 선비 화가이다. 당쟁으로 인해 그는 진사시에 합격했으나 관직에 나아가지 않고 인문과 예술에 종사했다. 그의 자화상은 크지 않는 작품이지만 화면 밖으로 튀어나올 듯한 강한 인상을 풍긴다. 한 올의 털마저도 생기 있게 묘사되고 있다. 같은 눈높이에서 자화상을 본다면 누가 누구를 바라보고 있는지 착각이 들 정도이다.

이 아무리 속인다고 하더라도 세 단계를 관찰하면 그 사람이 어떤 부류인지 정확한 판단이 가능하다는 것이다. 첫째, 그 사람과 어울리는 사람을 찾아보는 것이다. 둘째, 그 사람이 대안들 중에 선택한 방법을 들여다보는 것이다. 셋째, 그 사람이 긴장을 풀고 느슨해지는 상황을 살펴보는 것이다.

사람이 제 아무리 완벽하게 연기를 한다고 해도 자신의 참모습은 완전히 감출 수는 없다. 예컨대 그 사람이 다른 사람에게 자신을 속일 수는 있지만, 그 사람과 어울리는 사람까지 속여야 한다고 의식하지 않으므로 자연스럽게 행동하기 때문이다.

공자도 참으로 여러 차례 속았기에 이런 생각을 하게 되었을 것이다. 사람을 제대로 아는 것은 그 사람을 잘 사랑하기 위한 것이지 이용하기 위한 것이 되어서는 안 된다. 사람을 이용하기 위해 알려고 한다면 그것은 공자만이 아니라 자기 자신을 속이는 것이다. 자기 자신을 속여서 이룬 탑은 제 아무리 높게 쌓아올린다고 하더라도 언젠가 허무하게 무너질 것이다.

우리나라의 드라마는 야망과 탐욕으로 이룬 성공이 허물어지는 과정을 참으로 끈질기게 다루고 있다. 그만큼 우리가 위태롭게 살아가고 있다는 모습을 반증하는 것은 아닐까? 어찌 보면 야망과 허영만큼 사람을 바삐 그리고 끈질기게 움직이게 만드는 힘이 있을까? 이를 전적으로 긍정한다면 인간미 넘치고 아름다운 세상을 가꾸려는 공자의 기획은 희망 사항에 지나지 않게 된다.

활쏘기에서
공정하고 아름다운 경쟁을 배우다

공자는 무슨 스포츠를 좋아했고 또 실제로 했을까? 이렇게 물으면 "글쎄, 공자처럼 점잖은 분이 무슨 스포츠를 했겠어!"라는 대답이 들려올 듯하다. 책 읽는 공부라면 몰라도 몸을 움직이는 스포츠는 공자와 거리가 멀어 보이기 때문이리라. 이러한 추측은 보기 좋게 틀렸다. 물론 공자는 공부벌레이기도 했지만, 예를 배우느라 실습에 열을 올렸을 뿐만 아니라 몇몇 스포츠에도 능숙했다.

　오늘날 스포츠 종목으로 보면 공자는 승마를 꽤나 잘 했던 것으로 보인다. 공자가 무인이었던 아버지의 피를 이어받았거나 아니면 당시 육예六藝라는 교양 교육의 혜택으로 그렇게 되었을 것이다. 공자 집안의 마구간에 화재가 난 일이 있었다. 나중에 이 사실을 알고서 공자는 "사람이 다쳤는가?"라고 묻고, 말이 어떻게 되었는지 묻지 않아 주위 사람을 감동시킨 적이 있다.[24]

◆ 공자는 스포츠 애호가였다

이런 일로 보면 공자는 실제로 말을 길렀던 만큼 승마는 기정 사실로 보인다. 다음으로 공자는 요새 표현으로 양궁 예찬론자였다. 이는 지역 공동체의 자체 방어와 친목 도모를 위해 전통으로 실시해 오던 향사례鄕射禮와 향음주례鄕飮酒禮의 영향으로 보인다. 그의 활쏘기 예찬론을 들으면 오늘날 골프를 처음 배운 사람이 골프의 장점과 즐거움을 늘어놓는 것에 결코 뒤지지 않으리라.

그렇다면 공자는 도대체 무슨 이유를 대면서 그렇게 활쏘기를 높게 보았을까? 우리가 그 이유를 알아낸다면 다른 곳에서 이를 응용할 수 있다. 예컨대 오늘날 사회 지도층 중에는 골프광인 사람이 많다. 우리나라는 아직 골프가 대중 스포츠로 받아들여지기 않기 때문에 특히 공직자들은 드러내 놓고 골프를 치지 못한다. 만약 이때 공자의 활쏘기 예찬론을 잘 응용한다면 골프 예찬론의 근거를 적절히 만들어 낼 수도 있을지도 모르겠다.

---

24) 「향당」: "廐焚. 子退朝日, 傷人乎? 不問馬."(신정근, 402)

황학정

황학정黃鶴亭은 서울시 종로구 사직동에 있는 조선 후기의 정자로 활쏘기를 연마하던 곳
이다. 공자는 100미터 달리기와 같은 기록 경기를 하지 않았지만 활쏘기를 즐겨했다. 개
인의 신체와 기량 차이를 인정하면서 활쏘기를 통해서 자신의 장점을 키우고 단점을 바
꿀 수 있기 때문이었다. 조선시대만 해도 한 활터에서 활쏘기를 시합을 벌였고, 또 활터
끼리 기량을 겨루기도 했다.

◇ 활쏘기로 공정 경쟁을 배우다

  공자의 시대나 지금이나 삶에서 경쟁을 피할 수는 없다. 경쟁
의 과정 자체가 사람에게 힘들고 또 그 결과에 따라 승자와 패자가
차갑게 나뉠 수밖에 없다. 인정론의 관점으로만 보면 경쟁은 참으
로 잔인하게 보이므로 최소화시켜야 한다고 할 수 있다. 반면 현실
론의 관점으로 보면 경쟁이 없으면 사람이 움직이려고 하지 않기

때문에 불가피하다고 말한다.

인류가 사회를 이룬 이래로 "원하는 것은 무엇이든 얻을 수 있고, 뜻하는 것은 무엇이든 될 수가 있는" 상태에 도달한 적은 없다. 사람의 욕망이 근원적으로 바뀌지 않는다면 앞으로도 불가능할 것이다. 욕망하는 사람이 다수이고 만족을 주는 대상은 한정되어 있기 때문에 그 차이만큼 경쟁이 일어날 수밖에 없는 것이다.

경쟁이 불가피하다고 하더라도 모든 경쟁이 합리화될 수는 없다. 공자는 활쏘기에 참여하면서 여러 사람들의 신체 조건을 유심히 살펴보았던 모양이다. 투기 종목의 체급처럼 어떤 사람이 헤비급에 해당되면 어떤 사람은 라이트급에 해당된다. 투기의 경우 신체 등급을 체급으로 구분해서 비슷한 등급끼리 맞붙게 하지 다른 체급끼리 맞붙게 하지 않는다. 반면 구기나 기록 경기는 체급 개념 자체가 적용되지 않는다.

활을 쏠 때 힘이 센 사람은 자연히 활을 멀리 쏘고 또 과녁을 세차게 꿰뚫을 수 있다. 반면 힘이 약한 사람은 활을 멀리 쏘기가 어렵고 두껍고 질긴 과녁을 꿰뚫기도 쉽지 않을 것이다. 이런 차이가 있는데도 힘이 센 사람과 약한 사람이 맞붙어서 멀리 쏘고 과녁을 꿰뚫는 것으로 승부를 낸다면 어떻게 될까? 이쯤 되면 활을 쏘기 이전부터 승부가 이미 결정되어 있다고 보는 게 맞지 않을까?

공자는 옛날부터 전해 내려오는 활쏘기 규칙을 다시금 되돌아보게 되었다.

「수렵도」

무용총을 보면 말을 탄 무사가 앞으로 뒤로 화살을 자유자재로 쏘는 장면을 그리고 있다. 무사의 솜씨가 얼마나 뛰어났든지 숲속의 동물들은 "걸음아, 날 살려라!"라는 듯 잽싸게 달아나고 있다. 벽화를 보면 산속에 말 탄 사람이 있는지, 말 탄 사람들 속에 산이 있는지 헷갈린다. 산은 아직 장식이나 배경으로 기능할 뿐 만물을 낳는 자연이 되지 못하고 있다.

"활쏘기 의례(경기)에서는 화살이 가죽의 과녁을 뚫고 지나는 것으로 우열을 가리지 않는다. 왜냐하면 사수의 힘(체급)이 다르기에 기준을 똑같이 하지 않는 게 옛날의 규칙이기 때문이다."[25]

오늘날 양궁을 봐도 공자의 발언은 주목받을 만하다. 한국의

25) 「팔일」: "射不主皮, 爲力不同科, 古之道也." (신정근, 134)

한국 여자 양궁 국가대표팀

한국 여성은 스포츠에서 남성 못지않은 실력을 발휘하고 있다. 양궁이 바로 그런 대표적인 종목이다. 비바람이 불고 사람의 응원소리가 거세도 먼 거리에 떨어진 과녁을 어쩜 그렇게 잘 맞추는지 대견스러워 보인다.

여성과 남성은 양궁 시합에서 늘 우수한 성적을 낸다. 선수들의 기량, 지도자의 훌륭한 훈련 등등 승리를 거두는 요인이 많다. 그러나 늘 우승을 하는 한국으로서는 좋은 일이지만, 늘 우승을 쳐다보는 상대로서는 맥 빠지는 시합에 참가하게 되는 셈이다. 이 때문에 국제 양궁 연맹은 대놓고 말하지는 않지만 한국 팀에게 유리하지 않도록 규정을 자주 바꾸어서 시합을 벌이곤 한다.

국제 양궁 연맹의 관계자들이 『논어』를 읽었는지 알 수는 없지만 그들의 조치는 공자의 발언과 일맥상통하는 점이 있다. 선수마다 유리한 점이 다를 수 있는데, 어느 한 쪽에게만 유리한 점을 규칙으로 정하게 되면 자연히 다른 선수에게 불리해질 수밖에 없다. 이를 바로 잡는 것이 경기를 더욱 흥미진진하게 만들 뿐만 아니라 다른 선수들에게도 기회를 공정하게 제공하는 것이리라.

경쟁을 피할 수 없다면 누구에게나 열려 있는 기회의 공정성을 지켜야 한다. 이것은 스포츠에만 적용되는 것이 아니다. 산업과 인생도 똑같다고 본다. 공자는 그것을 활쏘기의 경험을 통해 보다 먼저 깊이 깨달았을 뿐이다.

◆ 활쏘기에서 승복과 아름다운 경쟁을 찾다

월드컵 축구는 전 세계인의 눈과 귀를 사로잡는다. 그 중에서도 결승전은 많은 관심을 불러일으킨다. 경기의 승부가 갈린 뒤에 이긴 팀의 선수는 승리의 환호를 즐기고 진 팀의 선수는 패배의 아쉬움으로 그라운드에 쓰러져 있기도 한다. 얼마 뒤 패자가 승자를 찾아 축하의 인사를 건네는 장면을 보면 우리는 한편으로 가슴이 뭉클하다. 힘껏 싸우고 결과를 겸허히 받아들이며 다음을 기약하는 모습에서는 야유가 일지 않는다. 특히 두 팀이 한 점 유감없이 경기에 모든 것을 쏟아 부은 경우 그 감동은 더 커지기 마련이다.

반면 승자가 패자에게 건네는 화해의 악수를 뿌리치고 패배를 받아들이지 않고 언론 플레이를 하는 경우도 있다. 물론 그런 경우 패자의 항변이 합리적인 경우도 있다. 주최 측이 일정을 비신사적으로 운영하거나 심판이 오심을 하는 경우에 더욱 그렇다. 이 경우 동정을 받을 수는 있지만 공감을 얻기는 어렵다. 승부의 모든 원인을 불공정한 운영과 오심으로 전적으로 돌릴 수 없기 때문이다.

　　활쏘기 승부의 기준을 획일적으로 하지 않는다고 하더라도 승부가 갈리는 것을 피할 수는 없다. 이 점은 공자도 활쏘기를 하면서 누누이 경험한 사실이다.

> "군자는 뺏고 빼앗기 위해 다투는 일이 없다. 그래도 '다툰다'라고 한다면, 틀림없이 활쏘기 제전이리라! 차례가 되면 함께 쏘게 된 사람끼리 서로 읍(인사)을 하고 먼저 오르기를 사양하면서 사대에 오른다. 쏘기가 끝나면 사대에서 내려와 진 쪽이 벌주를 마신다. 이와 같은 경쟁이야말로 군자다운 것이리라."[26]

　　어떻게 하면 군자처럼 생각할 수 있을까? 활쏘기에도 불공정과 우연이 끼어들 가능성이 많다. 바람이 불어서 화살을 생각대로 날리지 못할 수도 있고, 주위의 환경이 집중을 방해할 수도 있고,

---

26) 「팔일」: "君子無所爭, 必也射乎! 揖讓而升, 下而飮, 其爭也君子."(신정근, 122)

영화 「공자, 춘추전국시대」

공자의 인물과 사상을 알려면 『논어』를 읽는 게 제일 좋다. 이것이 어렵다면 나이든 사람에게 액션 배우로서의 기억이 남아 있는 저우룬파周潤發가 열연했던 「공자, 춘추전국시대」를 보는 것도 좋다. 사람마다 공자의 중요한 요소를 각각 달리 말할 것이다. 또 짧은 시간 안에 공자의 모든 것을 담아내기란 쉽지 않다. '나'라면 무엇을 다룰까 생각해 보고 이를 비교하면서 영화를 보면 재미가 두 배로 늘어날 수 있다.

전날의 숙취와 나쁜 컨디션이 실력 발휘를 막을 수도 있다. 이 모든 것은 결국 활을 쏘는 사람에게 공통으로 적용되는 사항이다. 꼭 '나'에게만 불리할 사항이라고 볼 수는 없는 것이다.

사실 공자를 비롯해서 유학에서는 사람이 자신의 습성과 타성을 고쳐서 끊임없이 나아진다고 본다. 이러한 유학의 가정(전제)은 현실의 사람에게 그대로 적용되기가 쉽지 않다. 고쳐야 한다는 것을 알지만 그렇게 하지 못하는 것이 사람이라고 할 수 있다.

공자는 사람이 자신의 잘못을 잘 고치지 않으려고 한다는 점을 알고 있었다. 그래서 더더욱 활쏘기를 강조한 것이다. "자기 눈의 들보를 보지 못하고 남의 눈에 티끌만 본다."라고 하듯이 자기 자신의 흉허물을 찾기도 어렵고, 찾는다고 하더라도 고치기는 더더욱 어렵다. 하지만 활쏘기와 같이 겨루기라면 "이겨야겠다!"라는 경쟁심을 발휘하게 하므로 은연 중에 자신의 잘못을 파악해서 스스로 고치게 된다. 이러한 버릇이 몸에 밴다면 삶의 다른 분야로 확산될 수도 있는 것이다. 공자는 바로 이 점을 생각했던 것이다.

이처럼 공자는 활쏘기에서 많은 것을 배웠던 모양이다. 내가 어디로 쏘려고 해도 화살이 뜻대로 날아가지 않는 일이 생긴다. 이때 무엇을 잘못 계산했는지 어떤 과정에서 실수가 있었는지 자연스럽게 따져 보게 된다. 남을 탓하기 이전에 자신을 돌아보게 되는 것이다. 그래서 공자는 "군자는 자신에게서 원인을 찾고, 소인은 남에게서 원인을 찾는다."[27]라고 생각을 정리했다.

이제까지 글을 읽다 보면 "공자는 도대체 왜 활을 쏘았던 것일까?"라는 궁금증이 들지 모르겠다. 즉, 활을 사냥이 아니라 수양으로 고려하다니, 너무나 현실과 동떨어진 사람처럼 보이기 때문이다. 공자도 물론 활을 쏘면서 인격 수양만 한 게 아니다. 당연히 그

---

27) 「위령공」: "君子求諸己, 小人求諸人."(신정근, 619)

도 활을 둘러매고 교외로 나가 사냥을 하곤 했다. 제자들의 관찰에 따르면 공자는 사냥을 하더라도 좀 특이한 점이 있었다.

"공 선생님은 낚시를 해도 그물로 고기의 씨앗을 말리지 않고, 주살로 새를 사냥해도 둥지에 든 새를 겨누지 않았다."[28] 공자는 새를 잡아야겠다고 생각하더라도 사냥의 한계 또는 규칙을 정해두었던 것이다. 둥지에 들었다는 것은 알을 품었거나 새끼를 돌보고 있다는 말이기 때문이다. 사람이 새를 잡고 싶은 욕망을 가지고 있다고 하더라도 약한 새의 입장을 고려해 두면 욕망은 절제되어야 하기 마련이다. 이렇게 보면 공자는 공정한 경쟁만이 아니라 아름다운 경쟁을 벌였다고 할 수 있다.

---

28) 「술이」: "子釣而不網, 弋不射宿." (신정근, 297)

신뢰라는 열쇠로
갈등의 고리를 풀다

우리 사회는 여러 가지 갈등으로 인해 고통을 겪고 있다. 남북한끼리는 개성 공단의 재개 문제를 두고 실무자 협상을 벌였지만 아무 성과 없이 중단되어 미래가 불투명하게 되었다. 국내 정치로 넘어오면 노무현 전 대통령의 NLL 포기 발언의 사실 여부, 국정원의 여론 조작 등 정국의 향방은 불안하기만 하고, 시민들의 우려는 높아져만 간다. 산업 분야에도 고공 농성이 끊이지 않는 등 곳곳에서 노사의 대립이 장기화되면서 감정의 골을 깊게 만들고 있다.

이렇게 상황이 꼬이다 보니 시간이 가더라도 해결의 실마리보다는 불신의 늪이 더욱 깊어지게 된다. 처음에는 쟁점이 단순하다가도 서로 대립하면서 갈등이 또 다른 갈등을 낳게 되기 때문이다.

孔子去曹過宋與弟
子習禮于大樹之下
宋司馬桓魋欲殺孔
子拔其樹孔子曰可
以去矣孔子曰天生
德于予桓魋其如予
何

按浙吉貢
微服過宋
叅彼荒程
如此儀鳳
習禮樹下
咸儀雍和
天生聖德
魋如之何

송인벌목宋人伐木_송나라 사람들이 공자가 쉬던 나무를 베다

김진여金振汝, 1700, 비단에 채색, 32×57cm, 국립중앙박물관

공자가 정치적 기회를 얻기 위해서 거의 15년 동안 세상을 돌아다녔다. 거절당하는 고통이야 예사이지만 불시에 닥치는 생명의 위협도 부지기수로 겪었다. 공자가 조曹나라로 가던 중에 송宋나라를 지나게 되었다. 이동 중에도 학습을 게을리 할 수 없었으므로 공자는 큰 나무 아래에서 제자들과 함께 예식을 익히고 있었다. 송나라 환퇴桓魋가 큰 나무를 넘어뜨려서 공자와 그 일행을 죽이려고 하고 있다.

재진절량在陳絶糧_진나라에서 식량이 떨어지다

작자 미상, 1742, 종이에 담채, 33×54cm, 국립중앙박물관

공자가 초나라로 가는 중에 진陳나라와 채蔡나라를 지나게 되었다. 진나라 사람들은 공자가 초나라에서 등용하면 자국에게 불리할 것이라 판단했다. 이에 그들은 군사를 보내 공자 일행이 초나라로 가지 못하게 포위했다. 공자 일행은 외부와 단절된 채 오랜 시간을 보내느라 식량이 바닥이 날 지경이었다. 공자는 이러한 다급한 상황에서도 실망과 좌절에 빠지지 않았다.

이에 사태를 낙관하기보다 비관하게 되고 희망을 끝까지 부여잡기보다 절망에 몸서리를 치게 된다.

◆ 신뢰는 사람 사이의 출발점이다

갈등의 골이 깊어지면 예수님, 부처님, 공자님 등 그 누가 자리에 있어도 소용이 없다. 치킨 게임처럼 상대가 굴복하는 것 이외에 다른 길이 없기 때문에 조정이며 중재는 아예 불가능하다. 아무리 중립이라고 해도 결국 어느 쪽에 더 가깝지 않느냐 하는 조롱을 받기 십상이다.

공자도 자신의 시대 문제를 다 풀지 못했던 것처럼 그가 오늘날 한국에 온다고 하더라도 신통한 수를 내놓기 어렵다. 그렇다고 『논어』에서 아무런 실마리를 찾을 수 없다는 것은 아니다. 즉, 공자가 당시 문제를 풀기 위해서 내놓았던 길을 오늘날 꽁꽁 엮인 실타래를 푸는 자원으로 참조할 수는 있기 때문이리라.

양측이 대립할 때 심리 상태를 들여다보자. 양측의 말을 공정하게 경청하는 사람이 있다고 하면 그들은 자신의 처지를 다음처럼 하소연할 것이다. 양측은 모두 자신이 최선을 다하지만 상대가 최선을 다하지 않는다고 판단한다. 또 자신은 속이려고 하지 않지만 상대가 자꾸만 속이려고 든다고 하소연한다. 결국 양측은 사태 해결을 위해서 마주 앉지만 서로를 더 이상 믿지 못하고 서로 무슨 소리를 하는지 두고 보자거나 또 이전과 같은 소리를 되풀이한다며 아예 귀를 기울이려고 하지 않는다.

공자는 사람 사이, 나라 사이, 세력 사이가 극단적인 대결로 치닫지 않으려면 결국 상호 신뢰에 바탕을 두지 않을 수 없다고 보았다. 상대가 어떤 점에서 나와 생각을 달리 하지만, 또 다른 점에서 나와 생각을 같이 한다는 믿음을 가질 때 문제 해결의 출발점이 생

自로문진子路問津_자로를 보내 나루를 묻다
김진여金振汝, 1700, 비단에 채색, 32×57cm, 국립중앙박물관

공자가 천하를 돌아다닐 때 지도와 경험을 바탕으로 길을 찾아다녔으리라. 이것은 오늘날 네비게이션처럼 편하고 정확할 수는 없었다. 즉, 종종 길을 잃기도 하고 나루터를 찾지 못하기도 했다. 이 그림은 자로가 밭을 갈고 있는 사람에게 다가가서 나루터의 위치를 묻는 장면을 나타내고 있다. '문진問津'은 글자 그대로 나루터를 묻는 뜻으로 쓰이기도 하고, 일반적으로 사람이 나아갈 길을 찾는 뜻으로도 쓰인다.

기는 것이다. 흥미롭게도 '믿다'에 대해 우리는 한자로 '신뢰信賴'라고 하지만 현대 중국어에서 '샹신相信'이라고 한다. 중국어에서 믿는 것은 혼자만 믿고 의지하는 것이 아니라 서로 믿는 것이라는 점을 잘 나타내고 있다.

공자는 이처럼 상호 신뢰의 출발점을 표현하기 위해서 수레 비유를 들었다.

> "사람인데도 신뢰가 없으면 앞으로 무엇이 될지 모르겠다. 예를 들자면 소가 끄는 수레에 끌채가 없고, 말이 끄는 작은 수레에 끌채 고리가 없다면 어떻게 굴러갈 수 있겠는가?"[29]

수레가 제 기능을 발휘하려면 수레와 수레를 끄는 동물이 서로 이어져 있어야 한다. 이 둘을 이어주는 부분이 바로 끌채이다. 수레를 끄는 동물이 아무리 힘세고 튼튼하다고 하더라도 끌채로 수레와 이어져 있지 않으면 수레를 끌 수가 없다. 또 수레를 아무리 화려하고 아름답게 꾸미더라도 동물과 이어져 있지 않으면 땅바닥에서 조금도 앞으로 나아갈 수 없다.

공자는 수레와 동물이 아무리 중요하다고 하더라도 둘이 끌채로 이어져 있지 않으면 시너지 효과가 일어날 수 없다는 점을 강조

---

29) 「위정」: "人而無信, 不知其可也. 大車無輗, 小車無軏, 其何以行之哉?"(신정근, 106)

하고 있다. 즉, 상대가 사사건건 나와 의견을 달리하고 심지어 나의 일을 방해한다고 생각해서, "네가 아니라 다른 사람과 함께하면 더 잘 할 수 있을 텐데!"라며 딴 마음을 먹고 있다면, 이야기는 겉돌기 마련이다. 그래서 공자는 나와 상대 모두 자신을 지나치게 믿지 말고 또 남을 불신하지 않는 자세를 요청하고 있다. 갈등을 풀려고 애쓰기 이전에 나와 상대가 서로를 필요로 하고 서로를 믿고 있는지 확인해 볼 일이다.

친한 사람끼리 어떤 일을 끝까지 하리라 맹세해 보지 않은 사람은 없을 것이다. 맹세가 어떤 상황에서도 지켜질 것이라는 것을 강조할 때 우리는 '죽음'이라는 단어를 사용한다. 일본은 미국과 태평양 군도에서 전투를 벌이면서 불리한 상황에서도 끝내 항복을 하지 않았다. 그들은 옥처럼 아름답게 부서질지언정 항복하지 않을 것이라며 '옥쇄玉碎'를 외쳤다. 루스 베네딕트는 바로 이러한 일본군의 불가사의한 행동을 연구하기 위해서 『국화와 칼』이란 책을 저술하기도 했다.[30]

◆ 공자, 신뢰의 절대적 가치를 말하다

공자 뒤에 활약했던 묵자墨子는 한 번 약속한 것을 어떠한 상황

---

30) 루스 베네딕트, 김윤식 · 오인석 옮김, 『국화와 칼—일본문화의 틀』, 을유문화사, 2008 참조.

묵자

묵자의 이름은 묵적墨翟이다. 묵자는 공자의 사상이 가족 윤리에 한정된 점을 비판하면서 보편적 사랑을 대안으로 제시했다. 그는 시대의 문제를 해결하기 위해서 이론화 작업에 몰두했을 뿐만 아니라 현실에 직접 뛰어들었다. 예컨대 약소국이 강대국의 침략을 받으면 군사적 지원을 할 정도였다.

에서도 지켰다. 그들은 의뢰인이 이미 죽었고 질 싸움이 뻔한 데도 불구하고 지키기로 한 곳에서 한 걸음도 물러서지 않았기에 '묵자의 지키기'라는 '묵수墨守' 고사를 낳았다.

우리도 이러저러한 상황에서 '결사決死'라는 말을 하지만 위험한 순간 몸을 뒤로 빼기도 한다. 하지만 1960년 4.19의거나 1987년 민주화 항쟁처럼 목숨을 돌보지 않고 투쟁했기 때문에 오늘날의 민주주의를 살려낼 수 있었다. 그럼 어떻게 해야 위험의 순간에 사람이 단결하고 뿔뿔이 흩어지지 않을 수 있을까? 공자는 그 가능성을 믿음에서 찾았다.

제자 자공子貢이 정치의 우선 과제를 물었다. 공자는 대내적으

영화 「묵공」

묵자 집단은 침략 전쟁을 반대했다. 이를 위해서 그들은 용병 노릇을 자처하며 위험에 빠진 약소국을 구원해 주기도 했다. 이 때문에 묵수墨守라는 고사가 생겨났다. 묵자 집단은 한번 약속하면 목숨을 걸고서라도 끝까지 지킨다는 뜻이다. 영화는 이런 묵수의 사고를 뒤틀어 버린다. '묵공'은 수비를 위해서라고는 하지만, 공격에 나서야 하는 역설적 상황을 대변하고 있다.

로 식량이 풍족하고, 대외적으로 군사력이 튼튼하며, 시민이 지도자를 믿거나 시민끼리 서로 믿도록 해야 한다고 대답했다.[31] 평소 꼬치꼬치 캐묻기로 유명한 자공인지라 공자의 첫 번째 대답에 만족하지 않고 계속해서 질문을 퍼부었다.

상황이 세 가지를 다 충족시킬 수 있지 않으면 셋 중에 어느 것을 포기할 수 있고 또 둘 중에 어느 것을 포기할 수 있는지 물었다. 예를 들어 북한의 선군정치先軍政治처럼 군사력을 가장 중시하여 그것을 끝까지 유지해야 한다고 생각할 수도 있는 상황이었다.

31) 「안연」: "足食, 足兵, 民信之矣." (신정근, 464)

공자의 생각은 그와 달랐다. 상황이 극도로 악화된다면 먼저 군사력을 포기해야 한다고 보았다. 그 다음의 상황에서는 식량을 포기해야 한다고 보았다. 공자의 이러한 대답은 상당히 뜻밖이라고 할 수 있다. 상식적으로 군사력이 있어야 침입 세력을 막고 식량이 있어야 먹고 살 수 있을 것이기 때문이다. 요컨대 공자는 믿을 만한 물질적 기반보다도 무형의 신뢰를 가장 우선시하고 있는 것이다. 왜 이렇게 생각했을까?

> "예로부터 사람은 한 번 태어나면 모두 죽기 마련이다. 시민이 정부나 지도자를 믿지 않는다면 그 나라는 한 순간도 제대로 서 있을 수 없다."[32]

여기서 우리는 자공이 아주 극단적인 상황을 설정해 놓고 이야기를 풀어가고 있다는 사실을 놓쳐서는 안 된다. 자칫 이 상황을 모든 경우에 적용되는 것으로 착각하면, 군사력과 식량의 가치를 가볍게 생각할 수 있기 때문이다.

군사력이 아무리 막강하고 식량은 아무리 많다고 하더라도 결국 싸움은 사람이 하기 마련이다. 사람이 싸워서 지키려고 하는 마음이 없다면, 아무리 최첨단 무기를 손아귀에 쥐고 있고 식량을 곳

---

32) 「안연」: "自古皆有死, 民無信不立."(신정근, 464)

간에 쌓아 둔다고 하더라도 그 싸움은 진 것이나 마찬가지이다.

그들은 적을 적으로 생각하지 않고 성문을 열어서 그들을 환대하려고 하지 싸우려고 하지 않을 것이기 때문이다. 따라서 시민의 지지를 받지 못하는 지도자라면 아무리 높은 성곽을 세워 놓는다고 하더라도 무너질 수밖에 없는 것이다.

공자의 신뢰는 이순신李舜臣(1545~1598)이 명량해전에서 했던 "반드시 죽고자 하면 살 것이고, 반드시 살려고 하면 죽을 것이다." (必死卽生, 必生卽死)라는 말과 같은 뜻이라고 할 수 있다. 세력이 약하고 군사력이 달린다고 하더라도 서로서로 믿음으로 뭉치게 되면 느슨해져 있는 강한 적을 이길 수 있는 것이다. 믿음이 전력을 극대화시킨다고 할 수 있다. 즉, 전쟁에서는 유형의 병사, 무기, 화력, 지원만이 아니라 무형의 믿음, 전략, 가치가 전력에서 보다 커다란 요소로 작용한다는 말이다.

◆ 자하, 신뢰의 실용성을 말하다

지금까지 이야기를 살펴보면 공자는 다른 어떤 가치보다 믿음의 가치를 결정적인 것으로 말하고 있다. 특히 "죽느냐 사느냐?"라는 절대절명의 상황에서 믿음은 어떠한 물질적 자원에 비해 결코 뒤지지 않는 가치와 효용성을 가진 것으로 이야기되고 있다. 그와 달리 제자 자하子夏는 사람 사이를 헤쳐 나가는 삶의 기술로서 민

자하

자하의 이름은 복상卜商이고 복자卜子로도 불린다. 학문 성취가 높았기 때문에 공자 문하에서 십철十哲의 한 명으로 포함되었다. 그는 다른 제자들이 관심을 덜 기울이는 기술 등에 예리한 관찰력을 보였다. 공자 사후에 위魏나라에 가서 강학 활동을 했으며 전국시대 위문후魏文侯의 스승이 되었다.

음의 가치를 역설하기도 했다. 공자에 비해서 실용적인 측면을 강조한다고 할 수 있다.

"군자는 믿음이 쌓인 다음에 자신의 인민에게 일을 시킨다. 아직 믿음이 쌓이지 않았는데 일을 시키면 자신들을 혹사시킨다고 생각한다. 또 믿음이 쌓인 다음에 군주(지도자)에게 반대 의견을 내놓는다. 아직 믿음이 쌓이지 않았는데 반대 의견부터 말한다면 자신을 헐뜯는다고 생각한다."[33]

---

33) 「자장」: "君子信而後勞其民, 未信, 則以爲厲己也. 信而後諫, 未信, 則以爲謗己也."(신정근, 748)

같은 친구라도 하더라도 사귄 기간을 무시할 수 없다. 우리는 십년 친구에게 말하듯이 방금 만난 사람에게 말할 수 없다. 새로 사귄 친구는 서로 말과 행동을 조심하게 된다. 친해지려고 말을 편하게 했다가 오히려 오해를 살 수 있다. 반면 십년 친구는 가벼운 욕도 아무렇지 않게 할 수 있다.

언행만이 아니라 부탁이나 충고를 할 때도 마찬가지이다. 우리는 누군가에게 잘못 되지 않기를 바라며 충고를 하게 된다. 하지만 충고가 역효과를 낳을 수가 있다. 아무리 내용이 좋아도 "네가 뭔데? 나더러 이래라 저래야 하는 거야?"라는 반응을 초래할 수 있기 때문이다. 따라서 사람 사이에 충고를 할 수는 있지만 관계에 따라서 충고를 할 필요가 있다.

또 일을 시키거나 의무를 부과하는 경우 더더욱 신중하지 않을 수가 없다. 일과 의무는 상대가 좋건 싫건 뭔가를 하도록 만드는 것이다. 하고 싶은 일도 누가 하라고 하면 하기 싫어진다. 그런데 하기 싫은 일을 하라고 하면 오죽 싫겠는가?

이렇게 보면 사람 사이에 믿음이 쌓여 있다면 어떠한 일도 문제가 되지 않을 수 있다. 설혹 어려운 부탁이더라도 "무슨 사정이 있어서 그랬겠지!"라고 이해하고 넘어갈 수가 있다. 하지만 믿음이 없다면 얼마든지 이해할 수 있는 일조차도 얼굴을 붉히면서 말썽을 일으킬 수가 있다.

자하는 아무래도 사람 사이에서 상처를 많이 받았나 보다. 자신은 좋은 의도로 일을 하지만 다른 사람이 그것을 의혹과 의심의 눈초리로 바라볼 수 있기 때문이다. 이처럼 자하는 전쟁과 같은 위기가 아니라 일상적인 상황에서 믿음이 갖는 의의를 포착해서 설명하고 있다. 아마 사람 사이에서 상처를 받아본 사람은 자하의 말에 고개를 끄덕일 수 있을 것이리라.

"모르고 못하는 것에 분노하라"
─ 공자의 자기 소개서 중에서

인생을 전체적으로 평가하는 기준이 여럿 있다. 예컨대 성공과 실패, 행복과 불행, 정의와 불의 등이다. 세 가지는 각각 독자적으로 쓰이기도 하고 다른 것과 짝을 지어 쓰이기도 한다. 독자적으로 쓰일 경우 우리는 실패보다 성공한 인생, 불행보다 행복한 인생, 불의보다 정의로운 인생을 바랄 것이다. 세 가지를 합쳐서 생각할 경우, 우리는 벌인 사업에 성공하고 개인적으로도 행복하며 공적 기준으로 정의로운 인생을 가장 바람직하게 생각할 것이다.

　공자는 어떤 인생을 살았을까? 이 물음과 관련해서 공자의 생전과 사후 중 어느 것이 기준이냐에 따라 대답이 다를 수 있다. 사후라면 공자는 인류의 큰 스승 또는 성인聖人이라는 평가를 받으므

취푸에 있는 공묘의 대성전과 서울 성균관의 대성전

대성전은 공자의 신위를 모신 곳이다. '대성大成'은 공자가 학문적으로 거대한 성취를 일구어 냈다는 뜻이다. '전殿'은 과거 건물 중에서 가장 위격이 높은 건물이다. 예컨대 궁전 중에 왕과 왕비가 있는 건물을 전이라고 하고, 불교 사찰에서 부처님을 안치한 곳을 전이라고 한다. 대성전은 공자도 현실의 정치 권력이나 종교의 창시자에 맞먹는 지위에 있다는 것을 보여준다. 대성전에는 공자의 신위만이 아니라 그의 제자들의 신위도 있다. 공묘의 대성전은 편액의 글씨가 세로로 씌어져 있고 2층 건물로 되어 있다. 성균관의 대성전은 편액의 글씨가 가로로 씌어져 있고 1층 건물로 되어 있다.

로 성공의 삶을 살았고, 그의 학문과 가치를 존중하여 그것을 현실에서 실천하려는 사람, 즉 주희와 이황 등의 후학이 끊임없이 생겨났으므로 행복한 삶이었고, 분쟁과 갈등의 상황이 생기면 공자의 말을 기준으로 삼았으므로 정의로운 삶이었다고 할 수 있다.

공자의 생전을 기준으로 하면 이야기가 달라진다. 그는 세 살 때 아버지를 여의고 어머니와 함께 고향을 떠나 오늘날 취푸曲阜로 이사를 왔다. 그는 젊은 시절부터 가계를 책임지는 소년 가장으로서 3D 업종의 일을 닥치는 대로 해야 했다. 힘들게 학문적으로 명성을 쌓은 뒤에도 그는 제자들을 교육했지만 자신의 이상을 실현할 정치적 기회를 갖지 못했다.

그는 조국 노나라를 떠나 두 차례에 걸쳐서 약 15년간 천하를 떠돌아다녔다. 그는 이 기간 중에 몇 차례 희망을 가졌지만 번번이 기회는 무산되었고, 심지어 제자들과 함께 집단으로 목숨을 잃을 위기에 내몰리기도 했다. 이쯤 되면 공자는 성공보다는 실패, 행복보다는 불행, 정의가 받아들여지지 않은 인생을 살았다고 할 수 있다.

◆ 공자, 16자의 짧은 자기 소개서를 쓰다

인생을 살다보면 세 번의 기회가 온다고 한다. 보통 사람은 그것을 믿고 버티지만 여러 차례 실패를 겪다 보면 의기소침해지고

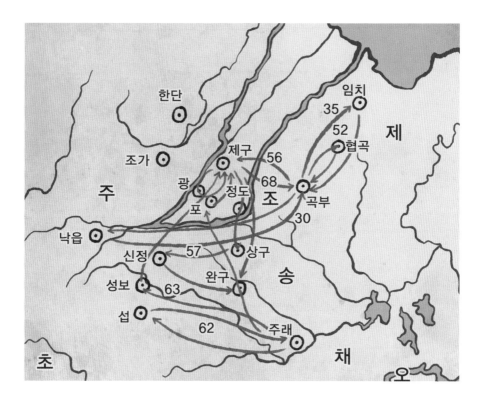

공자유력도孔子遊歷圖

공자는 자신의 이상을 펼치기 위해서 노나라에서 기회를 찾았지만 호응이 없었다. 그는 두 차례에 걸쳐 거의 15년간 해외를 돌아다니면서 정치적 기회를 엿보았다. 이마저도 실패하자 그는 조국으로 돌아와서 정치적 이상을 접고 제자를 키워 미래를 도모하고자 했다. 훗날 공자는 성인으로 추앙되었지만 당시에는 실패의 고난을 무지기수로 맛보았던 셈이다(지도상의 숫자들은 당시 공자의 나이를 뜻한다).

좌절하다가 끝내 의지를 잃어버리게 된다. 공자가 사후에 역사적 평가를 통해 보상받았다고 하더라도 생전의 고통스런 삶을 어떻게 살아갈 수 있었을까? 공자도 역시 사람일진대 실패로 거듭된 삶을 살면서 자신을 어떻게 일으켜 세울 수 있었을까? 공자가 살아 있을 때 스스로 토로한 말을 통해서 그의 인생담을 들어보기로 하자.

　요즘 대학 입시의 전형을 보면 자기 소개서를 쓰게 되어 있다. 온라인으로 자기 소개서를 입력하게 되어 있는데, 대학마다 글자 수가 다르다. 적게는 500자로 제한하기도 하고 많아도 2000자 이

내를 쓰라고 한다. 처음에는 다들 500자나 2000자를 어떻게 채우나 걱정하지만 쓰다 보면 자기를 어떻게 500자나 2000자로 다 드러낼 수 있는지 불만을 가지게 된다. 공자도 자기 소개서를 쓴 적이 있다. 물론 그것은 오늘날처럼 입시용은 아니다. 그는 500자보다도 484자나 적은 16자(發憤忘食, 樂以忘憂, 不知老之將至云爾)로 자신의 사람 됨됨이를 소개한 적이 있다. 우리는 이 16자만으로도 공자가 어떤 사람인지 알 수 있다.

이야기의 발단은 이렇다. 공자의 명성이 널리 알려지기 시작하자 노나라 사람만이 아니라 다른 나라의 사람들도 공자를 찾아와 만나고자 했다. 섭공葉公이 공자 학교를 찾았다가 먼저 제자 자로子路를 만났다. 그는 자로에게 공자가 어떤 사람인지 물었다. 예나 지금이나 제자가 선생을 평가한다는 게 쉬운 일이 아닌지라 평소 괄괄하던 자로마저도 꿀 먹은 벙어리마냥 아무런 대답을 내놓지 못했다.

나중에 공자는 이 소식을 들었다. 그는 잠깐 생각에 잠긴 듯하더니 금세 왜 다음처럼 말하지 않았느냐면서 스스로 자신을 소개했다. 아마도 평소에 자신의 소개서를 써둔 모양이었다. 그렇지 않고서야 그 짧은 순간 수많은 말 중에서 자신을 그리는 말을 고르기가 쉽지 않을 것이기 때문이다.

"한 가지 주제에 깊이 열중하다 보면 밥 먹는 것도 잊어버리고, 나아

자로

자로는 이름이 중유仲由이다. 그는 원래 무인
의 길을 걷다가 공자를 만나서 인생 전환을
하게 되었다. 제자 중에서 공자와 나이 차이가
제일 적게 났다. 그는 성질이 직선적이어서 공
자에게도 할 말이 있으면 마음속에 담아두지
않았다. 위衛나라의 내분에 연루되어 공자보
다 먼저 죽었다. 죽을 때 끊어진 갓끈을 바로
맨 일화가 널리 알려져 있다.

가는 길에 즐거워하며 삶의 시름마저 잊어버려서 황혼이 찾아오는
것조차 의식하지 못한다네."[34]

공자의 말 중에서 '발분망식發憤忘食'을 눈여겨 볼 만하다. 발분
은 자신이 모르는 것, 자신이 잘 하지 못하는 것에 대해서 스스로
분노를 일으키는 것이다. 우리가 같은 일을 몇 차례 시도해 보고도
생각대로 풀리지 않으면 "도대체 어쩌란 말이냐?", "도대체 왜 안
되는 거냐?"라고 화를 내는 심정이라고 할 수 있다. 망식은 글자

---

34) 「술이」: "女奚不曰, 其爲人也, 發憤忘食, 樂以忘憂, 不知老之將至云爾."(신정근, 287)

그대로 밥 먹는 것을 잊어버렸다는 뜻이다. 물론 망식은 밥을 끊어 버렸다는 절식絶食과 다른 말이다. 망식은 열중해서 뭔가를 하느라 밥 생각이 나지 않는 것을 말한다.

이렇게 보면 공자는 모른다는 것에 대해 화만 내는 것이 아니라 그것이 풀릴 때까지 먹는 것과 자는 것을 까맣게 잊고서 문제를 해결하고자 집중했던 것이다. "참 독특한 사람이구나!"라고 생각할 법하다. 하지만 우리도 국가대표팀의 시합을 보거나 월드컵 축구 경기를 시청할 때 12시가 되었다고 "밥 먹자!"라고 하지 않는다. 다만 공자는 그것이 스포츠나 게임이 아니라 자신의 무지에 대해서 그렇게 했다는 점에서 독특하다고 할 수 있다.

◇ 공자, 무지에 분노하다

나는 공자의 이런 자세를 '고도리 정신'이나 '치토스 정신'이라고 부른다. TV광고에서 표범이 맹렬한 속도로 목표물 과자를 향해 돌진하지만 결국 장애물에 걸려서 먹지 못한다. 그러면서도 결코 포기하지 않고 늘 "언젠가 먹고 말 거야!"라고 외친다.

또 명절날 식구들과 모이면 많은 가정에서 화투를 친다. 놀이를 시작하고 시간이 지나면 돈을 잃은 사람과 딴 사람이 나뉜다. 딴 사람은 슬슬 화투를 그만두고 싶지만 진 사람은 그런 생각을 하지 않는다. 장모님이 밥 먹으라고 화를 내도 "지금 밥이 대수냐?"

龍方服兮何地
往者不可諫兮
可追已而已而
撫政者殆而兮
滾興之言繼而
不得與之言

초광접여楚狂接輿_초나라 광인 접여의 노래
작자 미상, 1742, 종이에 담채, 33×54cm, 국립중앙박물관

공자가 세상을 떠돌아다닐 때 여러 부류의 사람을 만났다. 자신을 이해해 주는 사람도 있었고, 부질없는 짓을 한다며 공자를 만류하는 사람도 있었고, 강하게 비판하는 사람도 있었다. 이 그림은 초나라 출신 접여接輿가 공자 일행의 옆을 지나가면서 공자의 신세를 안타까워하는 노래를 불렀다. "그만두어라, 그만두어라! 지금 정치하는 사람은 모두 위태로울 뿐이다." 이 노래를 들은 공자는 무슨 생각을 했을까? 그도 인간인지라 무덤덤할 수는 없었으리라.

리며 눈길을 화투장에서 떼지 못한다. 더 이상 화투놀이를 하지 못하게 되면 지금까지 잃은 돈을 한꺼번에 걸고서라도 반전을 노린다. 화투놀이하는 사람도 치토스의 표범처럼 포기를 모르는 집념을 보이는 것이다.

공자는 과자나 화투가 아니라 학문에 발분망식했던 것이다. 공자가 이렇게 학문에 몰입하게 되자 그는 두 가지 시간을 가지게 되었다. 하나는 배고프면 밥 찾고 피곤하면 쉬는 일상의 시간이고, 다른 하나는 발분하게 되면 밥 먹는 것도 잊고 잠자는 것도 잊어서 결국 시간이 가는 것도 모르는 것이다. 공자는 시간에 갇혀 있으면서도 시간을 뛰어넘어서 살았던 것이다. 이러다 보니 공자는 노화(늙어감)가 찾아오는 줄도 모르고 늘 젊은 상태를 유지할 수 있었다.

이렇게 보면 공자는 현실 세계와 접속을 시도했지만 번번이 실패했다. 그러나 그는 이런 실패에도 스스로 허물어지지 않고 발분을 통해서 희망을 살려 나갔다. 공자가 쓴 16자만 보더라도 500자에 못지않은 한 인간의 그림이 주마등처럼 지나간다. 결국 문제는 양의 적고 많음이 아니라 얼마나 자신을 진실되게 그려 내느냐에 달려 있는 것이다.

◇ 공자, 실패를 통해서 스스로를 단련하다

공자는 실패에 굴하지 않고 발분을 통해 얼마나 끊임없이 자신을 일으켜 세웠을까? 같은 시대의 사람들도 공자의 이런 고백을 충분히 공감했다. 노나라의 성곽 문지기는 자로를 만나서 공자를 다음처럼 평가했다.

"안 되는 줄 뻔히 알면서도 무엇이든 해보려고 하는 사람이지요?"[35]

문지기의 말은 너무 짧다. 그가 무슨 생각으로 말했는지 진의를 단정하기가 쉽지 않다. 어감을 살려 본다면 두 가지가 가능할 듯하다. 첫째, "왜 그렇게 되지도 않는 일을 하려고 하느냐?"라며 공자를 바보 취급하는 어감이 들기도 한다. 둘째, "다른 사람 같으면 진작 나가 떨어졌을 텐데 무슨 힘으로 저렇게 버티는 걸까?"라며 안타까워 하면서 격려하는 어감이 들기도 한다.

어떤 어감이 사실인지 알 수는 없다. 하지만 문지기의 말에서 공자는 여러 차례 실패를 경험한 뒤에도 또한 뻔히 실패가 예상되는데도 새롭게 일어서는 사람이라는 점을 알 수 있다. 보통 실패하면 넘어져서 일어나기가 어렵다. 공자는 어떻게 좌절에 빠지지 않고 다시 설 수 있었을까? 그는 실패를 모든 문이 닫히는 절망으로 보지 않고, 실패에서 끊임없이 뭔가를 배워 다시 희망을 읽어내지 않았을까! 그러니까 실패에도 불구하고 오뚝이처럼 일어날 수 있지 않았을까!

이보다 더 분명하게 공자의 처량한 신세를 표현한 말이 있다. 그것은 『사기』「공자세가」를 비롯해서 여러 곳에 나오는 말로, 상

---

35) 「헌문」: "是知其不可而爲之者與?"(신정근, 582)

가구喪家狗라는 말이다.[36] 공자가 정나라를 갔을 때 제자 일행에서 떨어져 혼자 있게 되었다. 제자들이 공자를 찾아 수소문을 하던 중 어떤 사람이 공자의 행색에 대해 "몹시 지친 것이 먹여 주고 돌봐 줄 주인을 잃은 상갓집 개와 같은 처지"로 묘사했다. 공자는 제자를 만난 뒤 이 이야기를 듣고서 자신의 신세에 딱 어울리는 말이라고 찬성했다.

사실 당시 험한 세상을 피해 사는 은둔자들은 공자더러 세상을 바꿀 수 없는데도 그 희망을 꺾지 않고 덤비는 무모한 사람으로 자주 비판하곤 했다. 공자는 이런 비난과 의혹을 익히 잘 알고 있었다. 그때마다 그는 자신에게 다짐했다.

"사람은 날짐승이나 들짐승과 함께 무리를 이루어 살 수 없지. 내가 이들 사람의 무리가 아니고 누구와 더불어 지낼 수 있겠는가? 천하가 제 갈 길을 가고 있다면, 구가 여러분들과 세상을 바꾸려고 하지 않았을 텐데."[37]

공자는 화려한 성공으로 뻔쩍뻔쩍 빛나는 사람도 아니고 부산스럽게 양지를 찾아다닌 사람도 아니다. 그는 끊임없는 실패와 고

---

36) 몇 년 전 중국 대륙에서 공자와 관련해 때아닌 '상갓집' 논란이 있었다. 이와 관련해서는, 리링, 김갑수 옮김, 『집 잃은 개―논어 읽기 새로운 시선의 출현』, 글항아리, 2012.

37) 「미자」 "鳥獸不可與同羣, 吾非斯人之徒與而誰與? 天下有道, 丘不與易也."(신정근, 723)

난을 되풀이했다. 그 과정에서 그는 현실에 절망하기보다 현실이 나아갈 미래를 더 절실히 찾았다. 또 자신에게 귀를 기울이지 않는 사람들을 서운하게 생각하지 않고 고통 받는 사람이 평화를 누릴 수 있는 희망을 찾아내곤 했다.

한 번의 시도로 성공을 이루어 낼 수도 있다. 신이 아니면 천재가 그럴 것이다. 그러나 공자는 신도 아니고 천재도 아니었다. 그는 인간이므로 실패를 겪을 수밖에 없었다. 그의 실패는 더 자주 그리고 더 깊이 삶에게 질문을 던진다. 우리는 질문을 던지는 한 스스로 몸을 일으켜 세울 수 있는 존재다. 사람은 답을 찾는 노력을 그만둘 수 없는 존재이기 때문이다.

오늘날의 취업과 사업도 마찬가지이다. 여러 번 실패 끝에 취업에 성공하게 되면 실패에서 자신을 더 세심하게 관찰하게 되고 자신의 단점을 찾아내서 가꾸게 된다. 실패가 사람을 더 단단하게 만드는 것이다. 이처럼 공자도 실패로 단단하게 다져졌던 만큼 어떠한 위기와 고난에서도 깨어지지 않고 우뚝 일어났던 것이다. 공자야말로 실패가 사람의 심연을 만나서 그를 더 완전한 존재로 만든다는, '실패의 존재론'을 스스로 보여준 인물이라고 할 수 있겠다.

공자의 인생
— 정치가와 혁명가에서 교육자로

만나는 사람들에게 온전히 자신을 다 드러내려고 해도 그렇게 되기란 쉽지 않다. 예컨대 P가 1~10까지의 특성을 가지고 있다고 가정해 보자. A는 주로 P의 1, 3, 5, 7, 9의 특성을 먼저 보았고, B는 주로 P의 2, 4, 6, 8, 10의 특성을 먼저 보았다.

어느 날 P가 1, 3이 아니라 2, 4의 특성을 드러내게 되면, A는 P의 있는 그대로를 받아들이지 못하고 오늘 P가 왠지 이상하다고 생각한다. 그래서 P에게 묻기조차 한다. "오늘 무슨 일이 있는가요?" P가 아무 일 없다고 대답해도 A는 그 대답을 믿지 못하고 다시 "정말 아무 일이 없어요?"라고 묻는다. P가 다시 "없다"라고 확인해도 A는 그걸 믿지 못하고 다른 사람을 만나서 P가 오늘 이상하다고 쑥떡거리기까지 한다.

B가 P의 1, 3을 보게 되면 A가 P에게 했던 방식으로 묻고 다시 확인하려고 한다. A나 B는 자신이 먼저 본 P의 특성에 갇혀서 그것 이외의 다른 것을 쉽게 받아들이지 못하는 것이다. 이만큼 우리는 사람이든 일이든 사건이든 몇 차례 경험해 보고서 한 번 판단을 내리게 되면 여간해서 그 생각을 바꾸려고 하지 않는다.

◆ 학문과 정치의 선순환 관계

우리가 공자를 바라보는 경우도 마찬가지이다. 공자가 주로 동양 철학의 맥락에서 다루어지고 『논어』는 동양 철학의 고전으로 간주되고 있다. 이 때문에 우리는 당연히 공자를 철학자나 사상가로 인식한다. 역사적인 공자에겐 과연 철학자나 사상가 이외에 다른 모습은 없는 것일까? 그렇지 않다. 『논어』를 보더라도 우리는 공자의 다양한 역할을 읽어 낼 수 있다.

공자를 학자 이미지로만 생각하면 그는 어디를 나돌아 다니지 않고 집에 틀어박혀서 책을 읽으며 제자들을 가르쳤으리라 생각할 수 있다. 사실 그렇지 않다. 제자 자하의 말이긴 하지만 공자는 당시 학문과 정치 참여의 선순환 관계를 당연시했다.(「자장」13(501))

"공직(일터)에 있다가 여유가 생기면 학교로 돌아오고, 학업을 닦다가 여력이 생기면 공직에 나아간다."[38]

　공자 당시엔 공직과 학문 사이에 엄격한 경계선이 없어 보인다. 자하의 말대로라면 학업에 종사하다가 학문적 성취를 이루게 되면 공직으로 나아갈 수 있고, 반대도 가능한 것이다. 즉, 공직과 학업이 언제든지 넘나들 수 있는 관계에 있다. 이는 오늘날 직장인이 직장(공직과 기업)에 다니면서 여유가 있으면 대학원 과정을 다니는 것과 닮아 보인다.

　여기서 공자는 자하의 말이 잘못됐다고 하지는 않지만, 그 말을 일반화시킬 수 없다고 보았다. 그래서 그는 한 가지 제한 조건을 달았다.(「태백」 13(202))

　　"세상이 제 갈 길을 가면 사회 활동을 하고, 세상이 제 갈 길을 완전히 잃어버리면 은거의 삶을 산다."[39]

　학문과 정치가 아무리 선순환 관계에 있다고 하더라도 아무 때나 현실 정치에 참여할 수 없다는 것이다. 왜냐하면 도道가 있느냐의 여부, 즉 사회와 정치가 제 갈 길로 나아가고 있느냐 여부를 따

---

38) 「자장」: 仕而優則學, 學而優則仕. (신정근, 752)
39) 「태백」: 天下有道則見, 無道則隱. (신정근, 331)

이황과 이이

도산서원과 자운서원

사대부들은 시대를 이끌어가는 주체라는 아주 강한 자의식을 가지고 있었다. 그들은 긴 학습 기간을 통해 유교 경전의 의미를 익히고서 과거를 통해 현실 정치에 참여했다. 그렇지 않으면 자신의 고향 또는 연고지에 서당과 서원을 세워서 학문 공동체를 만들고자 했다. 정체가 왕정이었다고 하지만 그들은 결코 왕에게 절대 복종하지 않고 유교 경전을 바탕으로 왕을 서슴없이 비판했다.

창경궁 품계석

조선시대 문무백관은 벼슬의 높고 낮음에 따라 정1품에서 종9품까지 모두 18등급으로 품계를 나누었다. 돌에다 품계를 새겼으며 그것을 궁궐의 정전正殿 마당에 품계의 순서에 따라 일렬로 배치했다. 나라의 조회나 하례, 국왕 탄신 등 중요한 행사 시에 문무백관이 정렬할 때 자신의 벼슬 품계석 앞에 정렬하였다. 정전을 정면으로 바라보며 동쪽인 오른 쪽에는 문관文官, 왼쪽에는 서쪽인 무관武官이 정렬하였다.

지지 않고 무턱대고 학업에서 정치로 나서게 되면, 당사자가 커다란 고통을 겪을 수 있다. 조선시대라 할 때 당쟁이 아주 격화된 시점이나 세도정치가 기세를 올리던 시점이라면, 정치 참여는 환영할 만한 일이 아니다.

이런 언급으로 미루어 보면 공자는 학자이면서도 현실 정치가로 활약했으리라는 것을 쉽게 알아차릴 수 있다. 『사기』를 보면 공자가 노나라에서 오랫동안 중책을 맡지는 못했지만 현실 정치에 참여했다는 것을 알 수 있다. 어찌 보면 학문을 통해서 알게 된 지식(이상)을 정치에서 실현하고자 하는 노력이 로고스의 정치에 자연스러운 일일 것이다.

공자는 학문과 정치의 선순환을 믿었지만 노나라의 정국이 요동치면서 기회를 다른 나라에서 찾을 수밖에 없었다. 이로 인해 그는 50대와 60대 중반을 주로 외국에서 보냈다. 그의 이런 장기간의 해외 생활 또는 망명을 어떻게 이해해야 할까?

이는 노나라의 국정이 공자에게 불리한 측면도 있었지만, 어떻게 해서라도 자신이 꿈꾸는 세상을 만들어야겠다는 신념의 발로로 볼 수 있다. 이런 신념은 공자와 달리 은거를 선택했던 사람과 대비해 보면 뚜렷하게 드러난다. 은거자들은 혼자 힘으로 도도한 세상의 흐름을 바꾸려는 시도가 가능하지도 않을 뿐만 아니라 당사자에게 위험하므로 세상을 피하는 길을 선택했다.

공자도 한 사람의 노력만으로 도道가 세상에 실행되리라고 믿

「고사관수도高士觀水圖」

강희안姜希顔(1417~1464)의 그림에서 선비는 바위를 껴안고서 흐르는 물을 바라보고 있다. 자세가 편하게 보이기도 하고 불편하게 보이기도 한다. 아이라면 손을 뻗어서 물을 휘저을 텐데 고사는 그저 바라만 보고 있다. 그이는 도대체 물속에서 무엇을 찾으려고 하는 것일까? 아니면 고요한 물에 자신을 비춰 보고 있는 것일까? 여름철 좋은 계곡에 가서 우리도 계곡물에 발을 담그고 흘러가는 물을 하염없이 바라보면 좋겠다.

는 무모한 낙관주의자는 아니었다.

◇ 공자와 은자의 차이

공자는 왜 은자隱者와 다른 길을 걸어가고 있는가? 단순한 정치인의 이상으로만 설명할 수 없는 또 다른 숨결이 느껴진다. 왜냐하면 정치인은 성공과 실패에 예민하지만, 공자의 말은 그것을 넘어서 있기 때문이다. 공자는 자신의 노력이 실패한다고 하더라도 그만 둘 수 없다는 어떤 책임 의식을 강하게 토로하고 있다. 은자는 이런 책임 의식을 가지려고 하지 않는 반면, 공자는 누가 하라고 하지 않아도 스스로 그 책임을 떠맡고 있는 것이다.

은자와 공자의 차이는 불교의 소승과 대승에도 견줄 만하다. 소승불교는 개인의 구원을 우선시한 반면 대승불교는 대중의 구원을 우선시했다. 공자의 이러한 책임 의식은 훗날 송나라 범중엄范仲淹(989~1052)에 의해서 한층 더 극적으로 표현되었다.

"세상 사람들이 근심 걱정하기보다 앞서서 근심 걱정하고, 세상 사람들이 모두 즐거워한 다음에라야 즐거워하겠다!"40)

----

40) 「악양루기岳陽樓記」: "其必曰先天下之憂而憂, 後天下之樂而樂歟!"

범중엄

송나라에 이르면 사대부들은 군주와 신하를 역할의 차이로 보고 양자가 공치자共治者라는 의식을 갖는다. 전문을 읽어 보면 범중엄은 「악양루기岳陽樓記」에서 공치자 의식을 아주 강력한 어조로 표현하고 있다. 아울러 그는 상황이 자신의 의지와 다르게 펼쳐지더라도 일희일비하지 않는 책임 의식을 가지고 있었다.

줄여서 '선우후락先憂後樂'이라고 하는 이러한 책임 의식은 세상의 고통을 구제하겠다는 종교적 구세 의식으로 이어진다고 할 수 있다. 일종의 선각자나 메시아의 자임이라고 할 수 있다. 공자는 이러한 자임이 있었기 때문에 현실의 냉대에도 불구하고 좌절하거나 동요하지 않고 자신의 길을 걸어갈 수 있었던 것이다.

『논어』 중에 "왜 이런 내용이 들어있을까?"라고 의구심을 품게 만드는 구절이 있다. 두 사람(필힐佛肹과 공산불유公山不狃)이 반란을 일으키고서 공자를 동업자로 초대하자 공자가 망설임 없이 초청에 응하려고 한 적이 있었다. 이때 공자는 임꺽정 집단의 '서림' 역할을 기대했던 것 같다. 하지만 괄괄한 제자 자로의 강한 만류를 겪고서 공자는 반란에 실제로 가담하지는 않았다.

악양루岳陽樓

후난성과 후베이성의 경계가 되는 동정호洞庭湖에 자리하고 있다. 당나라 때부터 누대가 세워져서 수많은 시인과 묵객들이 찾아와 예술혼을 불태우던 곳이었다. 등자경鄧子京이 파릉군에 부임한 뒤에 기존의 악양루를 더 크게 짓는 공사를 시행했다. 완공에 즈음하여 등자경은 범중엄에게 글을 부탁했다. 이로써 「악양루기」라는 범중엄의 유명한 글이 나오게 되었다. 누대에 올라 오가는 배를 바라보며 시를 쓰거나 그림을 그린다면 어떻게 할지 생각해 보면 좋겠다.

반란군 가담을 포기하고서 공자는 자신의 심경을 다음처럼 드러냈다.

"만약 누군가가 나를 중요한 자리에 써 준다면 나는 지금 허울만 남은 서쪽의 주나라와 달리 새로이 동쪽의 주나라를 일으킬 수 있을 텐데."[41]

이 구절은 읽기에 따라 여러 가지 독해가 가능하다. 사실 적극적으로 읽으면 공자가 현 질서를 뒤엎고 새로운 질서를 세우는 혁명을 기도했다고 볼 수도 있다.

조선 후기 정약용丁若鏞(1762~1836)은 이 구절에서 수도 이전을 통한 왕조 재건의 씨앗을 찾기도 했다. 공자가 노나라를 좌지우지하는 세 대부大夫의 근거지로 변한 취푸曲阜를 떠나 새로운 수도를 세워서 노나라 왕실의 중흥을 꾀했던 것처럼 정약용은 정파의 이익 동맹으로 굳어진 한양을 떠나 화성을 새로운 수도로 삼아서 왕조의 재건을 이루고자 했던 것이다.

이렇게 보면 공자는 한 나라의 현 정부와 반란군을 구분하지 않았을 뿐만 아니라 현 질서를 타파하기 위해 혁명마저 꾀하고 있는 것으로 보인다. 그는 정치적 이해 득실에 따라 움직이지 않았으며, 언제나 시대와 사회를 구제해야겠다는 열망에 사로잡혀 있었다.

지금까지 우리는 공자에게서 학자만이 아니라 정치가와 메시아 그리고 혁명가의 모습을 엿보았다. 아마 공자를 학자로만 생각

---

41) 「양화」: "如有用我者, 吾其爲東周乎?"(신정근, 682)

정약용

정약용은 정조와 함께 후기 조선의 재정비와 도약을 추진했던 인물이다. 하지만 그는 당파, 서학의 소용돌이 속에서 자유롭지 못했고, 정조의 죽음과 더불어 18년의 유배 생활에 들어갔다. 그는 이 기간을 원망과 저주로 보내지 않고 창작으로 승화시켰다. 관심을 두지 않는 분야가 없을 정도로 그는 포괄적인 시야를 갖추고자 했다.

수원 화성

정약용은 기중기를 발명하여 수원 화성의 공기工期를 앞당기는 데에 큰 공을 세웠다. 정
조와 정약용은 수원 화성을 단순한 성곽이 아니라 한성을 대신하여 새로운 이상을 펼칠
신도시로 생각했다. 그곳에 가면 이루어지지 않은 꿈의 아픔을 느낄 수 있으리라.

하는 사람이라면 공자의 다면성에 적잖게 놀랐으리라 생각된다. 공자의 역할 변신은 여기에 그치지 않는다. 그는 젊은 시절에서 60대 중반까지 학문과 정치의 선순환 관계를 믿고 그것에 충실하고자 했다.

◇ 공자, 혁명가에서 교육자로 변신하다

하지만 현실은 녹록하지 않았다. 비로소 공자는 현실을 받아들이고 현재가 아니라 미래에 승부를 걸기로 했다. "그만 돌아가자! 그만 돌아가자! 내가 살던 곳의 젊은이들은 포부가 멀고 크지만 현실에 어두우니 내가 그들을 어떻게 가다듬어야 할지 모르겠다!"[42] 공자는 노년에 자신을 교육자로 자리 매김했다. 이어서 그는 세상의 어떤 평가에도 달가워하지 않다가 학문을 사랑하는 '호학好學', 즉 오늘날의 철학자 또는 인문학자를 자처했다.

이렇게 보면 학자와 교육자로서 공자 이미지는 공자 인생의 후반기에 두드러진 특징이다. 우리가 익히 아는 공자의 모습이 그것에 집중되어 있다고 할 수 있다. 그러나 이러한 특성만으로는 공자의 전체 모습을 제대로 살필 수가 없다. 후반기에만 주목하면 공자의 정치가, 혁명가, 메시아의 특성이 드러나지 않기 때문이다. 그렇

---

42)「공야장」: "歸與! 歸與! 吾黨之小子狂簡, 斐然成章, 不知所以裁之."(신정근, 211)

孔子年四十五魯昭
公卒定公立季氏僭
于公室陪臣執國命
故孔子不仕退而脩
詩書之禮樂弟子弥
衆

適齊志沮
歸嘗政荒
道不可行
懷器乃藏
乃脩詩書
正樂定禮
沽我沽哉
待價而起

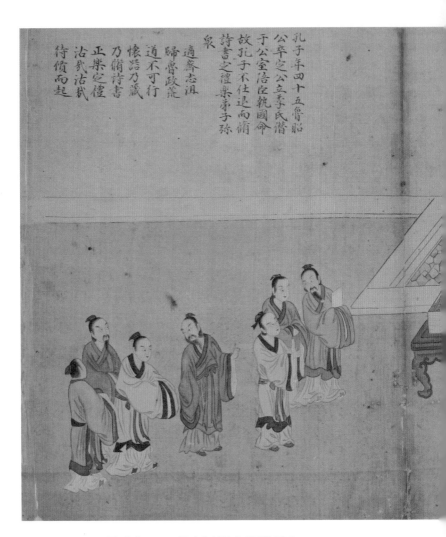

퇴수시서退修詩書_물러나 시경과 서경을 닦다

김진여金振汝, 1700, 비단에 채색, 32×57cm, 국립중앙박물관

공자는 인생의 후반기에 이르러 더 이상 정치적 미련을 갖지 않았다. 그는 현실에서 발을 빼서 당시에 전해지던 고전 텍스트 정리 작업을 수행했다. 옛날은 같은 책이더라도 내용과 글자에 차이가 많이 있었던 터라 믿을 만한 표준본을 만드는 게 아주 중요했다. 이 그림은 『시경』과 『서경』을 정리하는 작업을 보여주고 있다.

몽전양영夢奠兩楹_두 기둥 사이에 관이 놓여 있는 꿈을 꾸다
작자 미상, 1742, 종이에 담채, 33×54cm, 국립중앙박물관

서수획린西狩獲麟_서쪽 지방에서 기린이 잡히다

작자 미상, 1742, 종이에 담채, 33×54cm, 국립중앙박물관

두 그림은 공자가 자신의 죽음을 예감하는 장면을 그리고 있다. 몽전양영은 공자가 꿈속에서 자신의 관이 두 기둥 사이에 있는 것을 본 장면을 그리고 있다. 이때 공자는 "태산이 무너지려나 보다"라는 노래를 읊조렸다. 서수획린은 노나라 애공 14년(481 BC)에 서쪽 들판에서 기린 한 마리를 잡은 이야기를 그린 그림이다. 기린은 살아 있는 풀조차 밟지 않는 신성한 동물이다. 공자는 기린의 포획이야말로 자기 시대의 종언을 나타내는 신호로 보았다.

게 되면 역사적 공자의 실상은 제대로 드러나지 않는다. 보통 빛나는 부분에 갇혀 나머지를 놓치기 때문이다.

보통 기업인은 자신의 역할을 경영자로서 규정한다. 그리고 그것을 벗어나면 외도라고 생각한다. 기업인이 기업 경영에 집중하는 것은 당연하다. 그러나 기업 경영은 경제 행위의 순수한 공간만이 아니라 시민 사회, 국제 질서가 만나는 현장에 몸을 담을 수밖에 없다. 시민 사회의 가치를 존중하고 국제 질서의 흐름을 외면할 수 없는 것이다. 이런 점에서 보면 기업인은 기업 경영이라는 틀 안에서 사회와 국가로부터 주어지는 공기를 맡고, 그 책임을 지지 않을 수 없는 존재이다. 기업인은 경영자이기만 한 것이 아니라 오늘날 시민이면서 사회 사업가 그리고 시대 기획자의 역할을 동시에 맡는다.

공자는 죽기 전에 다음과 같은 유언을 했다. "태산이 무너지는구나, 대들보가 쓰러지는구나, 철인이 시드는구나!"[43] 태산, 대들보, 철인은 모두 세계의 질서를 지탱하는 기둥의 이미지를 공유하고 있다. 예컨대 기와집 한옥은 흙을 파내서 기초를 다지지 않고 땅 위에 기둥을 놓아서 집의 중심을 잡는다. 왠지 약할 것처럼 보여도 태풍이 불어 와도 무너지지 않는다. 하지만 집의 기둥 하나만 쓰러지면 집 전체가 무너지게 된다.

---

43) 『예기』「단궁」: "泰山其頹乎, 梁木其壞乎, 哲人其萎乎!"

태산등임처

맹자에 따르면 공자는 "동산에 올라 노나라가 작다는 것을 알고 태산泰山에 올라서 천하가 작다는 것을 알았다."(「진심」 상)한다. 사진은 공자가 태산을 오를 때 출발 지점이다. 오늘날 태산을 오를 경우 버스와 케이블카를 타고 마지막에 도보를 하게 된다. 공자는 이곳에서 걸어서 정상에 올랐을 것이다.

공자는 자신을 태산과 대들보처럼 세계가 무너지지 않도록 하는 질서의 축으로서 자각했다. 오늘날 우리도 집안의 기대주를 "우리 집안의 기둥"이라고 말한다. 이처럼 자신이 속한 세계가 허물어지지 않도록 책임을 나눠가진 사람이라면 모두 세계의 기둥인 것이다.

이런 측면에서 보면 우리는 다만 각자 책임지는 영역이 다를 뿐 공자와 마찬가지로 각자의 역량으로 세계를 받치는 위대한 존재이지 않을까? 가정주부는 집안의 건강을 책임지고, 기업인은 부가가치의 창출을 책임지고, 정치인은 사회의 갈등을 풀어내는 역할을 책임지고 있으니까. 물론 책임과 그 책임을 제대로 해내는 것은 다른 문제다. 어쨌건 그 책임을 제대로 해낼수록 개인은 개인대로 성숙되고, 사회는 사회대로 성숙되는 길이 열릴 것이다.

孫子

손자,
시대에 답하다

손자는 왜 현실에 성공하고서
역사를 만들지 못했을까

춘추전국시대엔 손자 등의 병가와 상앙이나 한비의 법가만큼 사회로부터 뜨거운 반응을 받은 사상이 없었다. 시대가 자기 보존의 논리에 의해서 진행되는 만큼 그들은 그러한 수요에 가장 잘 부합하는 이야기를 만들어 냈던 것이다.

그런데 화려한 각광을 받았던 만큼 이들과 관련해서 쉽게 이해할 수 없는 수수께끼가 있다. 첫째, 진제국은 왜 그토록 빨리 멸망의 길을 걸어갔을까? 둘째, 병가와 법가는 왜 불행한 최후를 맞이했을까? 셋째, 손자는 왜 오나라가 춘추시대의 패권국으로 성장한 뒤에 통일 대업을 달성하도록 이끌지 못했을까? 이런 상황은 진秦제국이 오래가고 병가와 법가가 해피엔딩을 맞이하고 오나라가 통일 대업을 이룩하리라고 예상했던 '미래'와 완전히 어굿난다. 이토록 선뜻 받아들이기 어려운 일들은 왜 발생하게 되었을까?

◇ 진제국은 왜 빨리 멸망했는가

위의 수수께끼를 하나씩 풀어가 보자. 진시황은 상앙과 효공이 닦아 놓은 바탕 위에서 여불위呂不韋, 이사李斯, 몽염蒙恬 등과 통일 대업을 달성했다. 그는 이러한 미증유의 사업을 이룬 뒤에 스스로 시황제始皇帝로 자처했다. 자신의 업적이 이전의 그 누구보다도 화려하고 위대했기 때문에 새로운 이름을 만들어 냈던 것이다.

시황제, 이세황제, 삼세황제처럼 영원히 유지될 듯했던 진제국은 시황제 사후에 급격하게 몰락의 길을 걸어갔다. 물론 사슴을 말이라고 큰소리치며 우기던 조고趙高와 같은 간신이 국정을 농단한 것도 진의 몰락을 앞당기게 했을 것이다. 이렇게 접근하게 되면 왕조의 멸망을 일반적으로 설명할 수 있지만, 진제국의 특성을 제대로 해명할 수가 없다.

조고와 같은 개인이 아니라 제국의 통치 이념에서 그 원인을 찾아보도록 하자. 법치 자체가 제국의 붕괴를 초래할 수 있지 않을까? 법치는 평민과 귀족을 구분하지 않고 국부國富의 창출과 국력國力의 증대에 모든 노력을 총동원하려는 사상이다. 법치는

진시황

진시황(259 BC~210 BC)은 춘추전국시대의 분열을 통일로 이끌었으며 황제 칭호를 최초로 쓴 인물이다. 통일 이후 진시황은 불사不死의 욕망에 사로잡히면서 통일 시기의 건전한 지도자 상을 잃어버렸다. 그는 자신의 제국이 천년만년 가리라 생각해서 스스로 '시황'이라고 하고, 그 뒤를 '이세', '삼세'로 부르고자 했지만 제국은 그렇게 오래가지 못했다.

평민을 군왕의 지시를 모방하는 수동적인 존재에서 국가의 존망에 참여하는 적극적인 존재로 변화시킨다는 점에서 긍정적인 가치를 가지고 있다.

하지만 법치는 평민의 권익을 부분적으로 보장하지만, 그들은 개별 의지보다 국가 의지에 철저하게 종속되어 있었다. 그들은 자신의 권익을 증대하려는 개별 의지가 아니라 국권國權(왕권王權)의 유지라는 권력 의지를 위해 존재했던 것이다. 만약 권력 의지가 끊임없이 작동해서 개별 의지로 회귀하여 집중하려는 욕망을 막지 못한다면, 법치의 국가는 위기에 빠지게 된다.

조고의 지록위마指鹿爲馬

진시황 사후에 제국은 중심을 잃고 우왕좌왕했다. 맏이 부소는 시황으로부터 멀리 떨어져 있었다. 호해胡亥는 이사, 조고와 함께 시황의 유서를 조작하여 부소를 자살하게 하고 스스로 황제가 되었다. 처음에는 세 사람이 협력했지만 조고가 점차 야욕을 드러내기 시작했다. 그는 황제를 꿈꾸며 조정의 문무백관에게 사슴을 말이라고 했지만, 그 누구도 사실대로 말하지 못했다. 진제국의 붕괴로 인해 이사와 호해는 물론 조고도 모두 죽음을 피하지 못했다.

법치는 국력의 안정적인 생산과 국력의 주기적인 소비의 시스템이 맞물려서 돌아가야 한다. 그렇지 않으면 국가는 평민을 국정에 참여하도록 유도할 요인을 제시할 수 없었다. 이렇게 본다면 진제국의 통일 대업은 진시황에게는 최고의 영예일 수 있지만, 제국에게는 최악의 계기를 초래할 수도 있었다. 법치에 의해서 통일의 대업을 성취했지만, 그 뒤에 법치는 평민이 무엇을 어떻게 해야 할지 제시하지 못했기 때문이다. 이것은 법치가 평민 개개인의 권익을 우선적으로 보장하지 않고 국력의 극대화만을 도모하려고 했던 방향 자체에 내재해 있는 요인의 외화라고 할 수 있다. 따라서 진제국의 멸망은 새로운 가치와 방향을 제시하지 못했던 법치의 내재적 원인에 의해 초래된 결과라고 할 수 있다.

◇ 병가와 법가는 왜 비극적 최후를 맞이했는가

오나라는 백거柏擧 전쟁 당시 초나라와의 경쟁에서 우위를 확보했다. 하지만 오나라는 그 절정에서 멸망의 길로 걸어가다가 합려闔廬 이후 부차夫差에 이르러 월나라에 의해 멸망 당했다. 멸망한 뒤에 오나라의 영토는 월, 초, 노나라 등으로 갈기갈기 찢어졌다. 아울러 손자와 오자서伍子胥는 오나라의 급속한 성장을 이끌었지만 미스터리와 불행으로 최후를 마감했다. 즉, 백거 전쟁 이후에 손자는 어떤 흔적도 없이 역사에서 완전히 사라지고, 오자서는 합려 사후에 부차와 갈등하다가 자살로 생애를 마쳤다.

이런 사정은 오나라를 멸망시켰던 월나라에서도 되풀이되었다. 구천勾踐은 합려에게 무릎을 꿇는 치욕을 당하고서 설욕을 벼렸다. 오랜 준비 끝에 드디어 복수에 성공하고 부차의 오나라를 멸망시켰다. 오나라를 멸망시킨 뒤에 구천은 일시적으로 패자로서 시대를 이끌었다. 하지만 이러한 절정에서 범려范蠡는 구천을 떠나 자취를 감추었고, 남아 있던 문종文種은 오자서와 마찬가지로 자살로 생애를 마감했다.

손자와 오자서, 범려와 문종은 각각 오나라와 월나라를 시대의 강대국으로 이끌었던 만큼 그에 상응하는 보상을 받아 천수를 누렸으리라 추측해 볼 수 있다. 어찌 보면 그 추측이 자연스럽기도 하고 당연한 귀결이라고 할 수 있다. 하지만 왜 현실에서는 반대의 결과가 나타났던 것일까?

목표 달성 전후로 손자와 오자서 대 합려(또는 부차), 범려와 문종 대 구천의 이해관계가 변하게 된다. 목표를 달성하기 이전에 전자와 후자는 공동의 목표를 위해서 협력 체제를 구축하게 된다. 협력 체제가 이루어지지 않으면 아예 목표의 실현이 불가능해지기 때문이다.

목표를 달성한 이후에 전자는 결실을 독점하려는 경향이 생기고 후자는 자신의 몫을 요구하는 경향이 생긴다. 전자와 후자가 결실의 분점에 합의하지 않을 경우 전자가 후자를 의심하며 자결을 요구하거나 후자가 전자에게 도전하게 된다.

이런 맥락에서 범려가 구천의 관상을 보고서 다음처럼 한 말은 목표 달성 이후 전자와 후자의 갈등이 어떻게 되는지 잘 암시하고 있다. "함께 어려움을 나눌 수는 있지만, 즐거움을 함께할 수는 없다."[44] 범려는 구천의 의중을 간파했기 때문에 성공 이후

---

44) 『사기』「월왕구천세가」: "蜚鳥盡, 良弓藏. 狡兔死, 走狗烹. …… 可與共患難, 不可與共樂."

진시황릉의 병마용갱

병마용갱은 진나라가 춘추전국시대의 분열을 통일할 수 있는 군사적 위용을 보여주는 현장이다. 1974년 농부가 우물을 파려다 도기와 쇳조각을 발견했는데, 이것이 오늘날 고고학의 경이적인 사건으로 알려진 병마용갱을 만나게 된 실마리였다. 아직도 그 무덤이 다 발굴되지 않았지만 현재의 유물만으로도 당시 진나라의 기운을 느낄 수 있다. 병사들의 크기와 생김새가 모두 달라 더욱더 경이감을 느끼게 만든다. 하지만 막상 현장에 들어가 보면 천정과 벽으로 둘러싸여 있어서 웅장하다는 느낌이 직접적으로 와닿진 않는다.

에 모든 것을 내려놓고 은거의 길을 걸었다.

문종은 범려의 충고에도 불구하고 그와 다른 길을 걸었다. 그
는 결실의 분점을 누리다가 구천의 견제를 받았다.

> "그대는 나에게 오나라를 칠 수 있는 일곱 가지 계책(전략)을 가르
> 쳐 주었소. 나는 그 중에 세 가지만을 써서 오나라를 패배시켰소. 나
> 머지 네 가지는 그대의 흉중에 있으니, 그대는 선왕을 뒤쫓아서 나
> 를 위해 그것을 시험해 보기 바라오."[45]

구천은 문종이 출중한 실력과 풍부한 계략을 가지고 있으므
로 자신에게 대항할 수 있는 존재가 되리라고 보았다. 이제 두 사
람은 공동 목표를 추구하는 협력 관계에서 양립할 수 있는 적대
적 관계로 전환된 것이다. 이것은 법가와 병가가 운명처럼 맞이
하는 상황이다. 군주는 병가나 법가와 목표를 공유하기도 하지만
목표를 달성하게 되면 현실의 적이 없어진 대신 병가와 법가를
잠재적 적으로 간주하게 되는 것이다.

이렇게 보면 법가와 병가, 즉 오나라의 손자와 오자서 그리
고 월나라의 범려와 문종은 모두 본국 출신이 아니었다. 그들은
어떠한 상황에서도 자신을 보호해 줄 수 있는 세력을 가지고 있

---

45) 『사기』「월왕구천세가」: "越王乃賜種劍曰: 子教寡人伐吳七術, 寡人用其三而敗吳, 其四在子, 子
為我從先王試之."

지 못했다. 목표를 달성하게 되면 군주와도 대립 관계에 놓이고, 그 사이에 귀족 세력을 약화시켰던 터라 구 귀족으로부터 지지를 받을 수조차 없었다. 게다가 새로운 기회를 제공하지도 못하므로 평민의 환호를 받을 수도 없었다. 역설적으로 성공이 그들을 주위로부터 격리시키고 고립되게 만들었던 것이다. 용병의 비애라고 할 수 있다.

이러한 현상은 분열과 혼란의 시기를 수습한 통일 왕조가 등장한 뒤에 되풀이되는 일이기도 하다. 한제국의 경우 유방과 한신의 관계도 협조에서 대립으로 바뀌었다. 조선의 경우에도 마찬가지였다. 이성계와 정도전은 조선의 건국을 위해 공동 보조를 맞추었다. 하지만 건국 이후에 이방원과 정도전은 한 치도 양보할 수 없는 적대적인 관계로 돌아서고 만다. 이제 손자가 오나라의 절정에서 소리 소문 없이 사라져버린 이유를 이해할 수 있을 것이다.

◆ 손자는 오나라를 왜 패권국으로 만들지 못했나

마지막으로 손자는 왜 오자서와 함께 합려·부차를 도와 오나라를 패권국으로 만들고 또 통일 대업을 성취하게 할 수 없었을까? 오나라는 백거 전쟁의 승리 이후에 새롭게 월나라와 반복된 대결을 벌이게 되었다. 이 과정에서 합려가 갑자기 사망하고 부

이성계와 정도전

역사적으로 보면 군주와 신하가 환상적인 호흡을 맞추어서 태평과 안정의 세상을 만든 경우가 많다. 요 임금과 순의 관계에서부터 당 태종과 위징魏徵, 신라 태종무열왕과 김유신, 조선 이성계와 정도전 등이 있다. 두 사람은 각각 상호 보완재로서 혼자일 때도 둘이 함께할 때의 몇 배의 시너지 효과를 거둘 수 있었다.

차가 왕위를 이어받았다. 새로운 왕 부차는 아버지 합려처럼 오랜 준비 끝에 승리를 거두는 것에 익숙하지 못했고 단지 빠른 효과에만 관심을 쏟았다.

부차는 초나라에 대한 승리에 도취되어 오자서의 반대에도 불구하고 북쪽 제나라와 애릉艾陵에서 전쟁을 벌여 승리를 거두었다.(484 BC) 이 승리로 인해 부차는 오자서의 말에 귀를 기울이지 않게 되었고, 나아가 중원의 제후들과 황지黃池에서 회맹하여

고소성

고소성姑蘇城은 오늘날 쑤저우蘇州로 춘추시대 오나라의 수도가 있던 곳이다. 월나라 구천은 오나라의 부차를 패배시킬 때 고소성을 공략하였다. 오자서는 부차와 군사·외교 노선에서 갈등을 겪다가 죽게 되었는데, 그는 자신의 눈을 동문 위에 걸어서 월나라 군사가 이곳을 지나가는 것을 보게 하라는 유언을 남기기도 했다. 부차와 오자서는 처음에는 훌륭한 파트너로서 오나라의 부흥을 이끌었지만, 그 관계를 끝까지 이어가지 못했고, 결국 나라가 망하는 운명을 피하지 못하게 되었다.

패자 노릇을 하기에 바빴다.(482 BC) 이처럼 부차가 내정內政에 소홀하고 북쪽으로 들락날락거릴 때 남쪽 월나라는 전력을 다하여 오나라를 습격하였다. 결국 부차는 망국의 군주가 되고 만다.

이렇게 보면 부차는 합려와 달리 내정을 소홀히 하고 외정外征에 몰두하며 조그만 승리에 도취하여 분에 넘치는 영광을 꿈꾸면서 스스로 몰락의 길을 걸었다. 이는 합려가 외정의 강한 욕망에도 불구하고 내정의 충실을 위해 오랜 시간을 준비했던 것과 구별되는 점이라고 할 수 있다.

또한 부차는 제나라와 대결에서 승리하면서 오자서와 같은 병가(전문가)에 의존하지 않고 합리적 의사 결정을 스스로 폐기 처분했다. 즉, 부차와 오자서의 협력 체제가 붕괴되면서 오나라는 이미 한 단계 업그레이드된 발전의 틀을 무너뜨리고 만 것이었다.

손자보다 일찍 오나라에 왔던 오자서는 부차와 갈등하면서 자살하게 되는데, 오자서보다 뒤에 오나라에 온 손자가 만약 실종되지 않았다고 하더라도 부차를 설득할 수는 없었을 것이다. 설득되지 않는 왕이 있는 한 손자가 아무리 좋은 전략을 세운다고 한들 현실에서는 아무런 작용도 할 수 없을 것이기 때문이다. 초나라와 제나라와 대결에서 승리를 거두면서 부차는 점차로 권력의 분점을 거부하고 전제專制를 향해 나아갔지만, 바로 그 욕망이 결국 오나라를 망하게 했던 것이다.

전쟁은
마지막 수단이다

손자는 춘추전국시대 병가로 유명한 손무孫武를 말한다. 손자는 병가의 성인, 병성兵聖이나 무성武聖으로 추앙되었고, 그의 책은 병법의 바이블, 병경兵經 또는 무경武經으로 불렸다. 얼마나 유명했던지 우리나라에선 「TV 손자병법」이라는 드라마가 있기도 했다. '손자' 하면 한 사람 뿐인 줄 알지만 사실 손무 이외에 또 한 사람이 더 있다. 손무보다 100여 년 뒤에 활동했던 그의 후손 손빈孫臏도 손자로 널리 알려져 있다.

'손자'는 '손 선생님'이나 '손 사부'라는 존칭이므로 꼭 한 사람만을 가리키는 고유명사일 필요는 없다. 앞으로도 손씨 성을 가진 사람이 병법에서 일가를 이룬다면 세 번째 손자가 탄생하게 되는 셈이다. 손무와 손빈 두 사람은 모두 병가에 속하고 각각 병서를 지었다.[46) 이렇게 한 가문에서 군사 전문가가 계속 나온다는 점에서 보면 손자는 개인적인 능력도 뛰어났지만 가문의 영향을 받았다고 할 수도 있겠다. 둘 중 손무가 손빈보다 먼저 활동했고, 그의 업적이 손빈보다 더 널리 알려지면서 오늘날 손자 하면 보통 손무를 가리킨다.

◇ 손자의 냉혈한 이미지와 궁녀의 참수

병가에 속하는 손자는 전쟁에서 승리를 거두는 방법을 탐구했다. 여기서 더 나아가면 손자가 전쟁의 승리를 위해 어떠한 일도 마다하지 않은 인물이라 생각하게 된다. 즉, 승리를 거둘 수 있다면 수단과 방법을 가리지 않는, 잔인하고 냉혹한 사람으로 간주하기 쉽다. 하지만 실제로 『손자』를 읽어 보면 손자는 전쟁으로 모든 문제를 해결하려고 하는 전쟁광이나 호전론자가 아니며, 피도 눈물도 없는 냉혈한이나 살인마는 더더욱 아니다.

그럼에도 불구하고 우리는 왜 손자하면 음모, 모략, 살상, 전승戰勝의 집착 등으로 표상하게 되는 것일까? 물론 우리가 전쟁에 대해 갖게 되는 '처참한 광경'의 선입견을 무의식 중에 손자에게 덮

---

46) 손빈, 이병호 옮김, 『손빈병법』, 홍익출판사, 1996; 3쇄 1998 참조.

손무

손무는 군사 전략의 분야나 세계 군사사에서 아주 중요한 자리에 있다. 그는 병가의 성인이란 뜻으로 '병성兵聖' 또는 '무성武聖'으로 평가 받았다. 그의 저술은 병가의 바이블이란 뜻의 '병경兵經'으로 불린다. 그의 명성은 일찍이 중국을 벗어나서 동아시아 전역에 널리 퍼졌다. 사진은 일본 돗토리현 유리하마에 서 있는 그의 동상이다.

손빈

손빈은 손무의 후예로 그 역시 병법에서 뛰어났다. 이로써 두 명의 손자가 있는 셈이다. 손빈의 인생은 친구 방연龐涓의 질투로 인해 극심한 고통을 겪었다. 방연은 손빈이 자신보다 실력이 뛰어나다고 질투해서 그가 기회를 잡는 것도 방해했으며 또 궁지에 몰아넣어 앉은뱅이로 만들어 버렸다. 하지만 손빈은 끝내 방연의 마수를 벗어나 자신의 실력을 유감없이 발휘했다.

어쓰운 것일 수도 있다. 그러나 이보다 더 우리가 주목해야 할 것은 사마천이 『사기』에서 손무를 그려내는 이야기 방식이다, 여기서 그 '냉혈한 손자' 이미지의 기원을 찾을 수가 있다.

사마천의 기록에 따르면 손자는 제나라 출신이었지만 남쪽 오나라를 도와서 합려闔廬가 당시 패자에 버금갈 정도의 위력을 떨치게 했다.(『사기』「손자오기열전」) 손자와 합려의 첫 만남은 극적일 정도로 긴장을 자아냈다. 합려는 일찍이 손자의 명성을 들었던 터라 현장에서 즉시 그의 병서 강의가 아니라 지휘 능력을 보고 싶어 했다.

갑작스런 제의를 받고서 손자는 조금도 당황하지 않고 합려의 동의를 받고 궁녀 180명을 불러 모았다. 군사 훈련의 경험이 전혀 없는 궁녀로 군사 훈련의 시범을 보이겠다는 뜻이었다. 오늘날 말로 하면 '여군'을 편제했다고 할 수 있다. 궁에 남성이 적고 여성이 많으니 어쩔 수 없는 선택이기는 했지만, 참으로 도전적인 시도라고 하지 않을 수가 없다. 고도로 훈련된 병사도 처음 보는 지휘관의 지시를 제대로 수행하기가 쉽지 않을 터인데 군사 훈련을 받아본 적도 없는 궁녀를 데리고 지휘를 행사하겠다니 손자의 실력이 기대되지만 실패의 불안감이 느껴지지 않을 수가 없기 때문이다.

손자는 먼저 180명의 궁녀를 두 편으로 나누었다. 이어서 합려가 총애하는 궁녀 두 명을 각각 한 편의 대장으로 삼았다. 다시 그는 궁녀 전원에게 창을 나누어 준 뒤에 훈련을 시켰다. 요즘 말로 조금 바꾸어서 말하면 손자는 궁녀들에게 좌향좌, 우향우 등 기본적인 제식 훈련의 동작을 가르치고서 명령대로 따라할 것을 지시했다.

◆ 실제 전쟁에서 리셋 키는 없다

　난생 처음으로 군사 훈련을 받는 궁녀들인지라 손자가 명령하면 그들은 따라하지 않고 키득키득 웃기만 했다. 손자는 이런 상황에도 당황하지 않았다. 그는 "군령이 분명하지 않고 구령에 숙달되지 않으니, 이것은 장수의 잘못이다."라고 하고서 다시 제식 훈련을 몇 차례에 걸쳐서 반복하고 명령을 내렸다. 궁녀는 여전히 키득키득 웃기만 할 뿐 손자의 구령대로 움직이려고 하지 않았다.

　그 순간 손자의 표정이 바뀌었다. 그는 "군령이 분명한데도 구령대로 움직이지 않으니, 이것은 대장의 잘못이다."라고 말하고 합려가 총애하는 두 궁녀 대장을 참수하려고 했다. 그때까지 옆에서 상황을 가만히 지켜보던 합려가 깜짝 놀라서 손자의 조치를 만류하고자 했다. "당신의 용병술이 뛰어나다는 것을 충분히 알게 되었소. 두 궁녀가 없으면 아무리 좋은 음식을 먹어도 맛을 모르니 제발 죽이지는 마시오."

　손자는 합려의 만류에도 불구하고 두 궁녀를 참수하여 본보기를 보였다. 왜냐하면 장수가 임금의 명령을 받아 지휘관이 되면 군

중에서는 군주의 명령도 받아들이지 않을 수 있기 때문이다. 만약
군주의 명령에 따라 지휘권이 이랬다저랬다 하면 전장에서 명령의
절대권을 지킬 수 없게 된다. 이렇게 두 궁녀를 참수하자 나머지
궁녀들은 손자가 구령을 내릴 때 앞서 훈련한 대로 척척 움직이게
되었다.

　　이처럼 충격적인 방식으로 손자는 자신의 용병술을 합려에게
확인시켰고 오나라 군사들에게도 사전에 인지시켰던 것이다. 이후
오나라 군대는 서쪽의 초나라를 패배시키고 북쪽의 제나라와 진晉
나라를 위협하기에 이렀다. 이러한 성과는 손자의 공로라고 할 수
있다.

　　이러한 손자의 군사 시범에서 '삼령오신三令五申'의 고사성어가

생겨났다. 장수가 자신의 명령을 병사들에게 완전하게 전달하려면 몇 번이고 되풀이해서 익숙할 때까지 되풀이하라는 뜻이다. 전투처럼 목숨이 왔다갔다 하는 긴박한 상황에 명령이 제대로 전달되지 않으면 커다란 사고가 일어날 수 있기 때문에 평소에 철저히 훈련하지 않을 수 없는 것이다. 물론 사람 사이의 말이 근원적으로 완전히 소통하기 어렵다는 것을 나타내기도 한다.

이보다도 손자의 궁녀 참수는 합려만이 아니라 『사기』를 읽는 사람에게 그의 잔혹성을 각인시켜 주게 되었다. 손자의 조처가 이해가 되는 점도 있지만 시범 훈련과 자신의 용병술을 위해서 과연 참수라는 극단적인 퍼포먼스까지 벌여야 했는가 하는 반론이 생겨났던 것이다.

이러한 선입견을 가지게 되면 손자와 그 병법은 자연스럽게 승리를 위해서는 뭐든지 다 할 수 있는 잔혹성과 수단과 방법을 가리지 않는 극단성을 가지는 것으로 생각하기 쉽다. 하지만 손자의 병법을 들추어 보기만 해도 이러한 예상은 깨끗하게 깨져 나간다.

◆ 손자는 전쟁광이 아니라 신전론자이다

공자는 『논어』의 첫 문장을 배울 '학學' 자로 시작하면서 사람이 배워야 하는 존재라는 점을 역설한 적이 있다. 맹자는 첫 문장에서 도덕과 이익의 문제를 날카롭게 대립시켜서 이하의 논의가 두 가지 축을 중심으로 진행되리라는 것을 강하게 암시한 적이 있다.

손자도 마찬가지이다. "군사 문제는 국가의 중요한 일이다. 죽느냐 사느냐가 갈리는 땅이고, 살아남느냐 망하느냐가 갈리는 길이다. 이러니 군사 문제를 세밀히 살피지 않을 수가 없다."[47]

손자가 말하는 군사 문제는 국지전이나 국경에서 벌어지는 사소한 분쟁을 말하는 것이 아니다. 한 번의 승패에 따라 나라가 망하느냐 그렇지 않느냐가 결정될 수 있는 전면전을 가리키는 것이다. 전쟁의 승패가 이렇게 엄중하기 때문에 전쟁을 하느냐 마느냐 하는 문제는 개인의 감정과 기분에 따라서 결정될 수 있는 일이 결코 아니다.

여기서 우리는 손자가 모든 국가 간의 분쟁과 갈등을 전쟁으로 해결하려고 하는 전쟁 만능론자이거나 걸핏하면 전쟁을 통해서 승부를 지으려고 하는 호전론자好戰論者가 아니라는 것을 여실히 알 수 있다. 손자의 논법은 전쟁을 아주 신중하고 면밀하게 고려하는 신전론愼戰論일 수 있지 전쟁을 즐겨 벌이고자 하는 호전론의 그것은 아니다.

손자는 제일 처음의 「계計」에서 전쟁의 엄중성을 밝힌 다음에 전쟁을 결정하기 위해서 반드시 고려해야 하는 사항을 제시하고 있다.

---

47) 「계計」: "兵者, 國之大事, 死生之地, 存亡之道, 不可不察也."(유동환, 62)

"그러므로 다섯 가지 사안에 따라 전쟁을 점검하고 계책으로 비교하여 사실(실정)을 살핀다. 다섯 가지 사안 중에서 첫째가 명분이고, 둘째가 자연 조건이고, 셋째가 지형지물이고, 넷째가 장수이고, 다섯째가 군율이다."[48]

우리는 상대를 얕잡아 보고 자신을 과대평가하거나, 상대에 대해서는 장점보다 단점을 보고 자신에 대해서는 단점보다 장점을 눈여겨 보려는 경향이 있다. 이렇게 자신을 객관적으로 평가하지 않고 전쟁을 벌였다가 패한 뒤에는 후회해도 아무런 소용이 없다. 그리하여 손자는 무엇보다 사실에 근거하는 '색정索情'을 강조했던 것이다.

이렇게 보면 손자는 전쟁에 대해 아주 신중하게 따져서 결정하고, 그러한 결정을 내리기 위해 객관적 사실을 앞세우는 전략가라고 할 수 있다. 이처럼 우리는 사마천이 덧씌운 손자의 '참수' 이미지에서 벗어날 때 그의 진면목을 제대로 들여다볼 수 있는 것이다.

---

48)「계計」: "故經之以五事, 校之以計, 而索其情. 一曰道, 二曰天, 三曰地, 四曰將, 五曰法."(유동환, 62~63)

상황의 조작으로
약자가 강자를 이길 수 있다

사람이 한 분야의 전문가로 알려지면 당연히 그 분야를 대표하는 사람으로 여겨지게 마련이다. 예컨대 오늘날 스티브 잡스하면 IT 업계의 대명사로 간주된다. 손자는 예나 지금이나 병법에서 일가를 이룬 무성武聖으로 평가를 받고 있다. 익히 알려졌듯이 "백 번을 싸우면 백 번 모두 이기는" 위대한 전략가이자 지휘관으로서, 불패의 신화를 일군 사람이라 생각되는 것이다. 물론 맞는 말이다.

◆ 우리는 『손자』를 왜 읽는 것일까

과연 손자의 위대성은 싸우기만 하면 반드시 이기는 필승의 보증 수표임에 있는 것일까? 그렇다고 한다면 보통 사람들은 손자의 병법을 읽을 필요가 없다. 왜냐하면 보통 사람들이 모두 군대에 가는 것이 아니고 누군가 군대에 간다고 하더라도 그 사람이 반드시 전략을 짜야 할 위치에 있지 않기 때문이다.

그럼에도 불구하고 『손자』는 고전으로 평가받으면서 읽어야 할 책으로 이야기되고 있다. 병법을 전공으로 할 처지가 아님에도 『손자』를 읽으면 도대체 무슨 점이 좋은 것일까? 대답은 복잡할 것 같아도 의외로 간단하다. 우리가 학창 시절에 영어와 수학을 배웠지만 그 분야의 전문가가 된다고 생각하지 않았다. 영어는 영어를 쓰는 사람을 만나서 대화하기 위해서 배우고, 수학은 문제를 풀며 수학적 사고를 익히기 위해서 배웠다.

마찬가지로 『손자』도 병법의 달인이 되기 위해서 읽는 것이 아니다. 『손자』의 사고를 익히기 위해서 배우는 것이다. 사정이 이렇게 되면 남성만이 아니라 여성도 읽을 만하고 어른만이 아니라 젊은이도 읽을 만하다. 즉, 남녀노소 모두 『손자』를 읽으면서 그 안에 담긴 사고 방식을 배울 수 있는 것이다.

이제 질문을 바꿀 때가 되었다. 즉 "우리는 『손자』를 '왜' 읽어야 하는가?"에서 "『손자』에서 '어떤' 사고 방식을 눈여겨보면 좋은가?"로 달리 물어 보자. 이 물음에 답을 찾으려면 일단 손자가 활약했던 춘추전국시대의 상황을 살펴볼 필요가 있다.

춘추전국시대 이전에 중원 지역에는 모두 140여 개의 나라가 있었다. 철제 무기가 등장하고 농업 생산이 늘어나면서 큰 나라가 작은 나라를 침략하여 자신의 영토로 만드는 현상이 일어났다. 이를 센 나라가 약한 나라를 집어삼킨다는 점에서 '약육강식弱肉强食'이라고 하고, 약한 나라의 땅을 자국의 영토로 편입한다는 측면에서 '멸국치현滅國置縣'이라 불렀다.

이러한 상황에서 약한 나라는 약한 나라대로 강한 나라는 강한 나라대로 상대에게 멸망당하지 않고 살아남기 위해 노력하지 않을 수가 없었다. 이를 위해서 춘추전국시대의 나라들은 경제적으로 부유하고 군사적으로 강한 '부국강병富國强兵'을 자기 보존의 생존 논리이자 전략으로 채택했다.

◆ 법가가 춘추전국시대를 헤쳐 나가는 길

우리가 알고 있는 상앙이나 한비 등의 법가는 바로 자기 보존의 욕구를 최적화시킬 수는 부국강병을 추진하기 위해 군주를 권력의 정점으로 하는 중앙 집권 국가를 이룩하고자 했다. 법가의 전략은 당시 공자나 노자를 위시한 유가와 도가의 주장보다 더 커다란 호응을 받았다. 그들은 적의 침략을 이기고 먼저 적을 공격하기 위해서 사회를 법 중심으로 새롭게 조직하는 기술을 제공했기 때문이다. 이처럼 당장 살아남아야 하는 절박한 상황에서 3년 뒤의

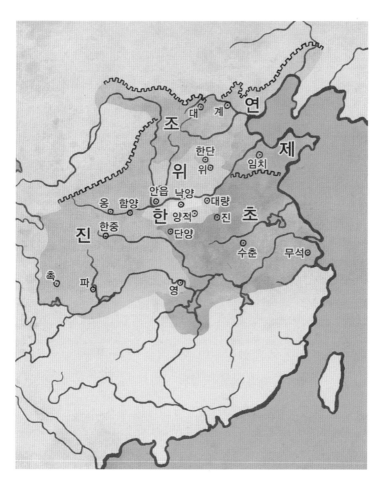

춘추전국시대

서주시대에 천자는 140개 나라의 제후를 분봉하여 군사적 울타리로 삼았다. 춘추전국시대에 이르러 서주의 천자가 제 역할을 다하지 못하자 제후국은 실제로 자국의 이해관계에 따라 움직이는 독립 국가에 가까웠다. 상호겸병을 통해 전국시대에 이르면 140개의 나라는 7개의 나라로 줄어들었다. 진제국이 등장하면서는 140개국에서 하나의 나라만 살아남게 된다.

효과를 말하거나 시대의 흐름을 되돌아 보자는 말은 그냥 앉아서 멸망을 기다리는 것과 같아 보였던 것이다.

하지만 법가의 전략은 유효했을지 몰라도 모든 나라에게 적용될 수는 없었다. 부국강병을 하면 물론 살아남을 가능성이 커진다. 하지만 상대적으로 약한 나라가 부국강병의 목표를 달성하게 되면 상대적으로 강한 나라는 거꾸로 불리해진다. 따라서 상대적으로 강한 나라는 자신의 적이 부국강병에 성공하기 이전에 전쟁을 벌이려고 한다. 그 결과 약한 나라는 아무리 부국강병의 전략을 신속하게 추진한다고 해도 상대가 가만히 있지 않는 이상 불리한 상황에서 상대의 위협으로부터 전전긍긍하게 된다.

◆ 손자의 위대성, 상황은 얼마든지 바꿀 수 있다

그렇다면 부국강병을 하건 말건 상황은 이미 결정되어 있으니 약한 나라의 군주는 자신의 역사적 운명을 받아들이면서 사치와 향락으로 시간이나 보내야 하는 것일까? 법가의 전략에 따르면 토끼와 거북의 시합처럼 약한 나라는 강한 나라를 따라잡을 수 없기 때문이다.

그러나 손자는 바로 여기서 약한 나라도 자신의 운명을 탓하며 슬퍼할 게 아니라 자신이 어떻게 하느냐에 따라 강한 나라를 이길 수 있다는 발상의 전환을 시도했다. 물론 누구나 이렇게 희망 사항을 말할 수는 있지만 현실에서 실현하기가 쉽지 않다. 손자는 그러한 희망 사항이 현실에서 가능해지는 길을 제시하고 실제로 구현했기 때문에 예나 지금이나 분야를 넘어서 존중받고 있는 것이다.

그런데 성미가 급한 사람은 이런 의문이 들 것이다. "손자가 신이 아닌데 어떻게 불가능에 가까운 희망 사항을 가능하게 할 수 있단 말인가?" 이런 의문을 품는 것은 당연하다. 하지만 손자의 말에 귀를 기울여 보면 이런 희망 사항은 얼마든지 실행 가능하다는 것을 알 수 있다.

손자가 제안한 대로 약한 자가 강한 자를 이길 수 있는 길을 살펴보자. 먼저 전쟁의 주도권을 장악하는 것이다. "싸움을 잘 하는 자는 적을 조종하지 적에게 조종당하지 않는다."[49] 국력이 월등하게 차이가 나지 않으면 누구든지 쉽게 싸움을 걸려고 덤비지 않는다. 힘의 균형이 한 쪽으로 완전히 기울었다고 생각하면 공격을 하려고 할 것이다.

이를 활용하려면 실제 나의 전력을 100% 드러낼 것이 아니라 50%만 드러내서 상대로 하여금 자신이 유리하다고 판단하게 만든다. 상대가 나의 50% 전력을 전부로 판단해서 침략을 하면 그때 우리는 드러난 50%와 숨긴 50%를 합쳐서 적에게 커다란 타격을 줄 수가 있다.

---

49) 「허실虛實」: "善戰者, 致人而不致於人." (유동환, 112)

이런 작전은 약소국도 활용할 수 있다. 병사 천 명의 나라와 만 명의 나라가 평원에서 정면으로 싸움을 벌이면 만 명의 나라가 이기기 쉬울 것이다. 그렇다면 이번엔 병사 천 명의 나라가 전장을 평원이 아니라 산악으로 바꾼다고 생각해 보자. 예를 들어 평원에서 싸우다가 지는 척하며 산으로 도망하게 되면 병사 만 명의 나라도 많은 병사를 한꺼번에 움직일 수 없으므로 병력을 쪼개서 추격하게 될 것이다. 이렇게 되면 병사 천 명의 나라도 작은 단위로 쪼개진 병사 만 명의 나라와 대등하게 싸울 수 있게 된다.

이것은 무엇을 말하는가? 형세는 고정되어 있는 것이 아니라 사람이 상황을 조작함으로써 얼마든지 변화시킬 수 있다는 말이다.

손자의 말을 직접 들어보자.

"군사의 움직임은 물을 닮았다. 물은 흐르면서 높은 곳을 피해 아래로 나아간다. 군사의 움직임도 대비하는 곳을 피해서 빈 곳을 친다. 물은 땅에 따라 흐름을 조절하고 군사는 적에 따라 승리를 조절한다. 그러므로 군사에는 불변의 형세가 없고 물에는 불변의 형상이 없으니 적에 따라 변화하여 승리를 거두는 것을 일러 신묘하다고 한다."[50]

우리는 스포츠든 기술이든 업무든 처음 배울 때 교범이나 매뉴

---

50) 「허실」: "夫兵形象水. 水之行, 避高而趨下. 兵之形, 避實而擊虛. 水因地而制流, 兵因敵而制勝. 故兵無常勢, 水無常形, 能因敵變化而取勝者, 謂之神."(유동환, 121~122)

전장에 따른 병력의 조작

얼에 기대게 된다. 심지어 매뉴얼에 없으면 "할 수 없다!"거나 "불가능하다!"라고 말하곤 한다. 실제 상황이 매뉴얼에 들어맞는 경우도 있지만 엇비슷해서 헷갈리거나 완전히 다른 경우도 있다. 업무의 경우 선임에게 물어봐서 처리할 수 있지만 전투의 경우에는 물어볼 시간이 없다. 가만히 있으면 나와 아군이 순식간에 죽음의 위기에 놓일 수 있다. 이러한 상황일 때 손자는 교범과 매뉴얼을 숙지할 필요는 있지만 상황에 따라 기민하게 변경시켜서 그때그때에 알맞도록 대처하는 응용력을 말하고 있는 것이다.

손자는 교범에 따른 통상적인 규칙과 상황에 따른 기민한 변화를 '정正'과 '기奇'라는 말로 표현하고 있다. 정은 아군과 적군이 서로 어떻게 나올지 이미 다 알고 있는 것이다. 반면, 기는 내가 어떻게 할지 상대가 전혀 알 수 없는 것이다. 손자는 정만 써서도 안 되고 기만 써서도 안 된다고 본다.

> "전투의 형세는 기와 정을 넘어서지 않는다. 기와 정의 변화는 무궁무진하다. 이처럼 기와 정이 서로 도움을 주는 것이다."[51]

손자가 말하는 전쟁에서 승리를 거두려면 실제로 싸움을 하는 병사만큼이나 싸움을 지휘하는 장군의 역량이 중요하다는 것을

---

51) 「세勢」: "戰勢不過奇正, 奇正之變, 不可勝窮也. 奇正相生." (유동환, 104)

「적벽도」(부분)
무원식武元直, 지본수묵, 50.8×136.4cm, 타이베이고궁박물관

적벽은 『삼국지』 영향으로 인해서 우리나라 사람들에게 널리 알려져 있다. 적벽은 조조의 위나라가 촉과 오의 연합군에게 대패를 당하는 전장이었다. 『삼국지』와 여러 예술·문학의 작품으로 인해 적벽이 유명한 만큼 실제로 그 지역이 아주 넓고 크리라 예상한다. 하지만 현장을 찾아가면 절벽에 붉은 글씨로 '赤壁'이라 씌어져 있는 게 전부다. 주목하지 않으면 볼 수가 없을 정도다. 장소가 웅장하지 않다고 괜히 실망하지 않았으면 좋겠다.

적벽

알 수 있다. 우리는 이러한 장군의 상을 적벽대전의 제갈량諸葛亮(181~234)이나 명량해전의 이순신에서 찾아볼 수 있다. 그들은 군사와 전선이 적다고 싸우기 전에 '패배'를 자인한 것이 아니라 상황을 변화시켜서 승리를 일구어 냈던 것이다.

신의 한 수로서
손자의 기만술

손자의 병법을 읽으면 사람의 눈을 번쩍 뜨게 만드는 구절을 자주 만나게 된다. 예컨대 "군사는 속임수이다."[52] "군사는 기만으로 이루어지고 이익으로 움직인다."[53]라는 표현들이다. 이처럼 거짓말, 사기, 속임수 등 기만술을 주장하는 내용을 보면, 한편으로 적잖게 놀라게 되고 다른 한편으로 이해되기도 한다. 아무리 전쟁이라도 해도 지켜야 것이 있지 않을까 하는 의구심이 들기도 하고, 또 전쟁이라면 무조건 이겨야 하기 때문에 기만술도 필요하다는 동

---

52) 「계計」: "兵者, 詭道也."(유동환, 68)
53) 「군쟁軍爭」: 兵以詐立, 以利動.(유동환, 129)

「명량대첩도」

명량해전은 조선이 일본에 비해 전함, 병사 등 객관적 전력에서 절대적으로 불리한 상황에서도 승리를 일구어 낸 대표적인 전쟁이다.

이순신

그는 적에 비해 압도적 또는 비교적 우위의 전력을 점한 싸움을 벌인 적이 없다. 늘 절대적 또는 상대적 약세에 있었음에도 불구하고 지형지물과 지략을 활용해서 승리를 일구어 냈다. 불리한 조건에서 유리한 상황을 창출해 내는 점이 바로 이순신의 위대성이라고 할 수 있다.

정론이 생겨나기도 한다.

이 중 동정론자들은 손자의 병법의 핵심을 다음처럼 해석하기도 한다. "'설익은 정도'를 통해서 '싸우지 않고 적을 굴복시키는' 전쟁 이념을 실현하는 것이 아니라 온갖 속임수와 편법을 모두 동원하여 승리를 쟁취하는 데 있습니다."[54] 이런 해석을 따르면 손자는 전승을 위해서라면 모든 것이 용서되고, 어떠한 금도(윤리)도 없다고 주장한 셈이 된다. 달리 말해 손자는 전쟁의 윤리를 인정하지 않고, 목적이 수단을 정당화시킨다고 말하는 셈이다.

이런 논리를 따르게 되면 우리는 전승(성공)을 위한 온갖 편법과 기만술을 배우기 위해서 『손자』를 읽게 되는 것이다. 승리 지상주의를 밝히는 이러한 통속적 독법은 손자 병법의 본령을 드러내기보다 오히려 왜곡하게 된다. 왜냐하면 손자의 '기만술'은 속임수 그 자체에 초점이 있는 것이 아니므로, 새로운 전쟁관을 밝히는 맥락에서 읽어야 하기 때문이다.

◆ 춘추시대 송나라 양공의 전쟁관

손자의 새로운 전쟁관을 살펴보기 전에 두 종류의 전투 양상을 살펴보자. 먼저 춘추시대 송나라와 초나라가 홍수泓水에서 벌였던

---

54) 마쥔, 임홍빈 옮김, 『손자병법 교양강의』, 돌베개, 15쪽.

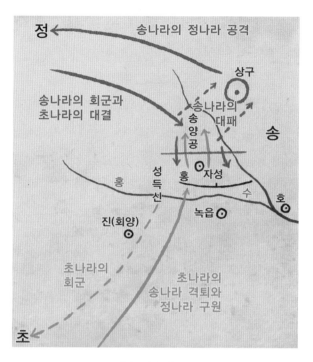

홍수 전쟁 전개도

홍수泓水 전쟁은 송나라와 초나라가 서로 겨루었던 전쟁이다. 송나라가 전장에 먼저 도착해있고, 초나라는 강을 건너는 중이었다. 초나라의 병사가 강을 건널 때 송나라가 초나라를 공격했더라면 송나라는 대승을 거두었을 것이다. 송나라 양공은 아무리 적이더라도 불리한 상황에 있을 때 공격하지 않는다는 신사적인 태도를 내세우다가 반대로 초나라에게 대패를 당했다. 이는 전통적 전쟁관과 새로운 시대의 전쟁관이 충돌하는 것으로 볼 수 있다.

전투이다. 송나라 양공은 먼저 전장에 도착하여 전열을 정비했다. 그때 초나라 군대는 막 홍수를 건너는 중이었다. 송의 사령관이 초에 대한 공격을 건의했지만 양공은 그것을 묵살하고 초나라 군대가 홍수를 건너 전열을 갖출 때까지 기다렸다.

결과는 송나라의 패배로 끝났고 양공도 큰 부상을 입었다. 이것이 '양공의 인襄公之仁'이라는 고사의 출처이다. 전쟁이 끝난 뒤 송나라 사람들이 양공의 처사를 비판했다. 이에 굴하지 않고 양공은 "부상병을 공격하지 않고 반백의 병사를 사로잡지 않는다."는 군자의 전쟁론을 설파했다.(『좌씨전』 희공22년)

◆ 전국시대 상앙의 전쟁관

다음으로 상앙商鞅(?~338 BC)은 진나라가 주도권을 잡으려면 동진東進이 필요하다고 생각했다. 이를 추진하려면 함곡관과 함께 전략적 요충지로 꼽히는 효산崤山을 장악할 필요가 있었다. 이 때문에 진나라와 위나라의 충돌은 불가피하게 되었다.

상앙은 진나라의 장군으로 위나라의 공자 앙公子卬과 승패를 겨루게 되었다. 상앙은 원래 위나라 출신이었지만 출세를 위해 진나라로 가 장군이 되었는데, 이전부터 공자 앙과 가깝게 알고 지내는 사이였다. 전장에 도착하자 상앙은 공자 앙에게 편지를 보냈다.

"저는 원래 당신과 친한 사이였습니다. 지금 서로 두 나라의 장군이 되었지만 어떻게 서로 공격할 수 있겠습니까? 당신과 직접 만나 맹약

상앙

상앙商鞅은 진나라가 전국시대를 통일할 수 있는 사회적 기반을 닦은 인물이다. 그는 효공孝公과 함께 호흡을 맞추며 변법變法을 실시하였다. 상앙의 제도 개혁으로 진나라는 정상 궤도에 올랐지만, 그는 자신의 권력을 질투하는 구귀족의 반격을 받아 비참하게 최후를 맞이했다.

을 맺고 즐겁게 마시며 진나라와 위나라가 전쟁을 벌이지 않고 평화롭게 지내도록 합시다."[55]

공자 앙은 상앙의 편지를 글자 그대로 믿고서 맹약을 맺고 술을 마시던 중 매복 중인 진나라 병사에게 사로잡혔고 군사들도 대부분 목숨을 잃게 되었다.

훗날 홍수 전쟁의 송양공은 어이없는 패전으로 비웃음거리가

---

55) 『사기』「상군열전」: "吾始與公子驩, 今俱爲兩國將, 不忍相攻, 可與公子面相見, 樂飮而罷兵, 以安秦魏."

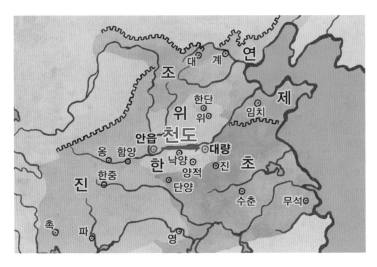

안읍에서 대량으로의 천도

위魏나라는 원래 진秦나라 동쪽 안읍安邑에 도성을 두었다. 진나라와 대립하면서 군사적 위협을 느끼자 위나라는 수도를 서쪽 대량大梁으로 옮겼다. 이후에 위나라는 양梁나라로 불리기도 한다. 『맹자』첫 편을 보면 '양혜왕梁惠王'이 나온다. 양혜왕은 위혜왕이라고 할 수 있는 것이다.

되었고, 효산 전투의 상앙은 친구를 속여서 승전을 거둔 일로 비난을 받았다. 사실 두 사람은 춘추시대에서 전국시대로 넘어가면서 전쟁관이 바뀌는 양상을 대변하고 있다. 춘추시대는 국제 사회의 악惡을 정벌하는 전쟁을 벌이면서 양공이 말하는 교전 수칙을 준수했다. 반면, 전국시대는 생존을 위해서 개별 국가마다 총력전을 펼쳤다.

이렇게 보면 양공은 춘추시대의 전쟁관에 충실했지만 전국시대의 전쟁관으로 보면 어리석기 그지없다. 거꾸로 상앙은 춘추시대의 전쟁관으로 보면 냉정하고 잔인하지만 전국시대의 전쟁관에 충실했던 셈이다. 이렇게 특정 시대의 전쟁관으로 다른 시대의 전쟁을 비판하게 되면 사태를 왜곡할 수 있다.

상앙과 공자 앙이 벌인 효산 전투를 보자. 두 사람은 모두 출정을 앞두거나 전장에서 도착해서 승리를 위해 노력했을 것이다. 상앙은 싸우지 않거나 아군의 희생을 최소화하고서 승리를 얻기 위해서 친구를 '속이는' 지략을 구사했다. 그도 공자 앙이 자신의 제안을 받아들이는 않았을 때를 상정하고 미리 또 다른 작전을 준비했을 것이다.

춘추시대였다면 상앙은 교전 수칙의 금도를 어긴 것으로 비판의 대상이 될 만하다. 그러나 전국시대였기에 공자 앙은 상앙의 제안을 수용했더라도 그가 노리고 있는 수, 즉 기만술까지 고려 사항에 넣어야 했다. 전국시대의 관점에서 보면 속인 상앙은 승리를 위해 짜낼 수 있는 모든 사항을 검토한 것이지만, 속은 공자 앙은 친구의 우정만을 믿고 다른 것을 검토하지 않은 것이다.

이런 측면에서 상앙이 기만술을 펼쳤다고 비판만 한다면 그것은 패자의 입장, 즉 공자 앙의 입장에서 자신의 처지를 항변하는 논리일 뿐이라고 할 수 있다. 즉, 전쟁의 패러다임이 바뀌는 상황에서 '기만술'을 따로 떼어놓고 보면 상앙은 친구를 속인 나쁜 사람이 될 수 있지만, 전략·전술의 전체적인 맥락에서 보면 상앙은 아군의 희생을 최소화시키고서 값진 승리를 일구어 낸 시대의 영웅이 될 수도 있는 것이다.

손자는 효산 전투에 보인 상앙의 기만술을 병법으로 그대로 끌어들였는데, 그것이 바로 "군사는 속임수이다."라는 말이다. 이때 기만술은 보편적 상황에서의 거짓말처럼 도덕적 비판의 대상이 되는 것이 아니라, 전쟁 상황에서 상대가 오판하게 만드는 지략智略의 일종이 된다. 이러한 지략을 묘하게 짜내고 제대로 써먹게 되면 전승의 확률은 높아진다.

◆ 손자가 전쟁을 속임수라고 말한 이유는

손자는 기만술을 펼치면서 사람들이 언제 어떠한 상황에서든 거짓말을 해도 좋고, 또 그렇게 해서 누구에게 피해를 입히더라도 상관이 없다는 점을 말하려는 것이 아니다. 그는 전쟁 상황에서 적이 아군의 움직임과 작전을 전혀 간파할 수 없도록 철저하게 준비하여 주도권을 장악해야 한다는 점에서 기만술을 펼쳤다.

기만술은 처음부터 이런 상황 논리에 바탕을 두고 있다. 하지만 통속적 해석에서는 기만술이 마치 전가의 보도나 만병통치약이 되는 것처럼 풀이되고 있다. 이것은 손자 병법의 본령을 왜곡하는 풀이라고 할 수 있다.

이제 손자가 도대체 어떤 궤도詭道, 사詐의 기만술을 펼치려고 하는지를 살펴보자. 손자는 "군사란 속임수이다."라는 말에 이어서 기만술의 실체를 밝혀 나가고 있다.

> "그러므로 아군이 잘 할 수 있지만 할 수 없는 것처럼 보이고, 아군이 무엇을 쓰고 있지만 쓰지 않는 것처럼 보이고, 아군이 가까이 있지만 멀리 있는 것처럼 보이고, 아군이 멀리 있지만 가까이 있는 것처럼 보이고, 적에게 유리한 상황을 보여서 끌어들이고, 적을 혼란시켜서 아군이 실익을 취한다. 적이 충실하면 아군이 대비하고 적이 강하면 아군이 피하고, 적을 성나게(흥분하게) 만들어 흔들리게 하고, 아군이 스스로 낮추어서 적이 교만하게 하고, 적이 편안한 상황을 만들어 힘들게 하고, 적이 이웃과 친하면 사이를 떼어 놓는다."[56]

여기서 기만술은 상앙이 효산 전투에서 발휘했던 맥락과 동일하다. 즉, 아군의 약점을 드러내서 적의 공격을 초래하지 않고, 아군의 강점도 공격을 할 때까지 감춘다. 반대로 적이 강하면 정면 승부를 피하고 외교 등 온갖 방법을 동원해서 적의 전략을 약하게 만든다. 기만술은 아군의 역량이 노출되지 않도록 하고 상대의 역량을 줄이는 데에 초점을 두고 있다.

이어서 손자는 기만술의 결론을 다음처럼 내리고 있다.

---

56) 「계」: "故能而示之不能, 用而示之不用, 近而視之遠, 遠而示之近, 利而誘之, 亂而取之, 實而備之, 强而避之, 怒而撓之, 卑而驕之, 佚而勞之, 親而離之."(유동환, 68~69)

"대비하지 못한 곳을 공격하고 뜻하지 않는 것을 내놓는다. 이것이 병가에서 승리를 거두는 길이므로 먼저 적에게 알려지도록 해서는 안 된다."[57]

춘추시대의 전쟁은 서로의 전력을 드러내 놓고 각자의 기량을 겨루는 기예의 성격을 지녔다. 전국시대의 전쟁은 서로의 전력을 끊임없이 탐색하면서 전승을 목적으로 하는 자기 보존의 특성을 지니고 있었다. 이런 상황에서 손자는 아군의 전력을 숨기면서 상황에 따라 약하게 보여서 상대가 자신을 얕잡아 보게 만들고 강하게 보여서 자신을 넘보지 못하게 만들고자 했다.

또한 손자는 아군과 적의 전력을 파악하려는 정보의 가치를 일찍부터 깨달아 간자間者, 즉 스파이의 필요성을 역설했다. 실제로 전투가 벌어지기 이전에 이길 수 있는 상황을 조성하는 지략의 대결을 펼쳤던 것이다. 이런 맥락에서 손자에게는 속임수, 사기 등의 기만술이 전승을 가능하게 하는 조건 중의 하나로 보였던 것이다. 누군가 손자의 기만술에 대해 전쟁 상황과 그에 적용되는 협상의 맥락이 아닌, 보편 상황에서의 편법으로 확대 해석한다면, 그것은 손자를 무자비한 사람으로 오도하는 것이다. 손자를 전쟁과 전쟁 아닌 상황을 동일시한 망나니로 만드는 독법을 그만둘 때이다.

---

57) 「계」: "攻其無備, 出其不意. 此兵家之勝, 不可先傳也." (유동환, 69)

전쟁의 불확실성을
예측 가능성으로 바꾸는 법

대선이 다가오면 불확실성이 늘어난다. 어떤 공약의 정부가 등장할지 모르니 공무원은 선불리 앞날을 설계할 수 없고 경영자는 대형 투자를 결정하기가 어렵다. 나중에 어떻게 될지 모르게 때문이다. 사람이 몇 명이라도 보이면 "대선이 어떻게 될 것 같아?"라는 물음을 던진다. 사실 물음을 던진 사람이나 듣는 사람이나 모두 답답하기란 마찬가지이다.

이때 "상황이 어떻게 될 것 같다."라는 확실한 정보는 천금만금의 값어치를 지니게 된다. 그런 정보가 없으면 온갖 시나리오를 작성해서 미래를 대비해야 하므로 효율이 떨어질 뿐만 아니라 정력을 여러 곳에 쏟아야 하기 때문이다. 간혹 똑똑한 사람조차도 남들

2012년 대선

대선 후보는 자신의 정책을 통해 시민의 선택을 받고자 한다. 선거 당시는 모래를 금으로 만들 듯하게 온갖 선심 공약과 장밋빛 전망을 내놓지만 당선된 뒤 양해와 설득의 절차도 없이 공약을 뒤집는 경우가 많다. 엄정한 선택이 이루어진다면 공약을 뒤집는 일이 줄어 들지 않을까! 1년 집권해서 잘 하면 정식 대통령으로 취임하게 하면 어떨까!(자료 제공, 중앙선거관리위원회)

보다 조금 일찍 알아야 한다는 조바심을 갖게 되면 '확실한 것'에 걸려서 속곤 한다.

◇ 시대의 불안을 넘어서려는 시도들

사실 제자백가 중에 추연鄒衍만큼 당시 제후들로부터 열렬한 환대를 받은 이가 드물다. 추연이 온다고 하면 제후조차 빗자루를

추연

추연鄒衍은 오행에 따라 자연과 역사가 주기적으로 바뀐다는 규칙을 찾아냈다. 그리고 자연만이 아니라 역사에도 운명(생명)이 있다는 점을 밝혀냈다. 식물에 생장 주기가 있듯이 나라도 생장 주기가 있는 것이다. 당시 미래의 주인공이 되기를 바라는 수많은 제후들은 추연이 자신의 운명을 긍정적으로 예측해 주기를 바랐다. 제자백가 중에서도 추연만큼 당시 지배자로부터 열렬한 환영을 받은 경우가 없을 정도이다. 일례로 추연이 떴다 하면 제후가 빗자루를 들고서 청소를 할 정도였다.

들고 청소한다고 법석을 떨 정도였다. 추연은 음양과 오행의 운행을 계산해서 어느 나라가 뜰 운명이고 누가 전쟁에 패할 것인지 신빙성 있는 예측을 내놓았기 때문이다. 아무리 왕이라고 하더라도 미래에 무지한 만큼 추연의 말 한 마디는 엄청난 파급 효과를 가지고 있었다.

이처럼 평화로운 상태에서도 정보와 지식이 미래의 불안을 걷어내는 커다란 힘을 가지고 있다. 전쟁이 터질 경우 불안은 평화 상태보다 훨씬 커진다. 특히 총력전 양상을 띠면 전쟁 당사자만이 아니라 인접국마저 앞으로 전쟁의 향배가 어떻게 될지 큰 관심을 가지지 않을 수 없다.

손자는 결과를 장담할 수 없고 한순간에 갑자기 전황이 바뀔 수 있는 전쟁의 불확실성과 불투명성을 잘 알고 있었다. 하지만 그는 "전쟁은 원래 그런 거야!"라며 불확실성에 투항하지 않는다. 그는 전쟁에 관련된 변수를 통제하여 전승의 확실성과 전황의 확실성을 높이고자 했다.

송나라 양공은 패자를 꿈꾸는 인물이었지만 '양공지인襄公之仁'의 고사에서 보이듯 강을 건너는 초나라를 공격하지 않았다가 패전을 당하게 되었다. 이때 사령관은 양공더러 "아직 전쟁을 잘 모릅니다."(君未知戰)라고 했다. 이것은 사령관과 양공이 생각하는 전쟁이 전혀 다르다는 말이다. 즉, 사령관은 양공이 춘추시대에서 새롭게 변해가는 전쟁의 정체를 제대로 파악하지 못하고 있다고 보는 것이다.

지전知戰의 주장에서 보이듯 전쟁은 영웅의 무용담으로 채워지거나 용사의 독무대가 되는 것이 아니라 고도의 지성으로 치밀한 작전과 엄밀한 계산이 필요한 연구의 주제가 된 것이다. 즉, 전쟁의 학문화, 즉 무학武學 또는 군사학이 요청된다. 손자는 바로 그러한 지전의 욕망을 체계화시킨 선배 그룹 중의 한 명이라고 할 수 있다.

◆ 손자의 목표는 지전에 있었다

『손자』는 모두 6천2백여 자로 된 책이다. 『논어』가 만 자가 넘

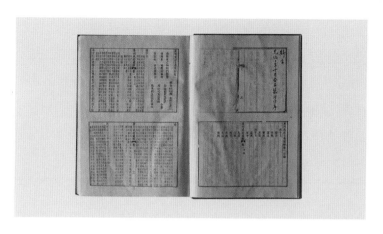

『손자』

손무가 병법을 기록한 책이다. 훗날 『손자』는 무술 분야의 경전으로 평가를 받아 '무경武
經'으로도 불렸다. 사진은 『손자』의 첫 편 「시계始計」의 내용이다. 첫 편은 판본에 따라 그
냥 「계計」로 제목이 된 경우도 있다.

는 것을 보면 『손자』의 분량이 많다고 할 수 없다. 이 중에 접속사
나 대명사 등 문법적 역할은 있지만 뜻이 없는 이而, 자者, 지之 등
이 적게는 180여 번, 많게는 330여 회 쓰인다.

문법적 역할도 있고 뜻도 있는 단어로는 지知가 79회, 계計가
11회, 식識이 2회, 모謀가 11회, 병兵이 73회, 승勝이 84회, 군軍이
61회, 리利가 52회, 해害가 7회, 공攻이 33회, 수守가 13회, 인仁이 3
회, 사詐가 1회, 궤詭가 1회, 기欺가 0회, 정正이 8회, 기奇가 6회씩
쓰인다. 통계치로 볼 때 50회를 넘으면 빈도수가 높은 편이며, 30
회 또는 10회 이하면 빈도수가 낮다고 할 수 있다.

빈도수를 통해서 몇 가지 사실을 알 수 있다. 첫째, 변칙과 기만술을 말하지만 그와 관련된 어휘를 빈번하게 쓰지는 않는다. 둘째, 손자는 군사 운용, 전승과 관련된 어휘를 많이 사용하고 있다. 셋째, 지전知戰과 관련된 어휘를 가장 자주 사용하고 있다. 이렇게 보면 손자도 스스로 병법의 목적이 결국 지전, 즉 전쟁의 확실성을 높이는 데에 있음을 의식하고 있었다고 할 수 있다.

그렇다면 손자는 속성상 불확실성을 지닌 전쟁의 확실성을 도대체 어떻게 높일 수 있다고 생각했을까? 그는 먼저 전쟁 결과의 예측이 가능하다고 생각했다. 즉, 전쟁의 승패는 "싸워봐야 아는 것"이 아니라 "싸우기 전에 결정되는 것"이라고 보았다.

> "아직 싸우지 않았지만 작전 회의에서 승산이 있으면 실제로 승리의 가능성이 높다. 아직 싸우지 않았지만 작전 회의에서 승산이 없으면 실제로 승리의 가능성이 낮다. 승산이 많으면 이기고 승산이 적으면 진다. 하물이 아무런 승산이 없다면 어떻게 되겠는가! 나는 이를 바탕으로 승부를 미리 내다볼 수 있다."[58]

당시 출전을 하기 전에 왕실의 종묘에서 작전 회의를 하고 출정을 보고했기 때문에 '묘산廟算'이라는 말을 썼다. 묘산은 주먹구

---

58) 「계計」: "夫未戰而廟算勝者, 得算多也. 未戰而廟算不勝者, 得算少也. 多算勝, 少算不勝, 而況於無算乎! 吾以此觀之, 勝負見矣."(유동환, 70~71)

구로 계산하거나 주관적으로 자신의 전력을 높게 평가하고 적의 전력을 낮게 평가하는 것이 아니다. 오늘날 시뮬레이션처럼 아군과 적군의 모든 전력을 객관적으로 산정하고서 전쟁의 승패를 엄밀하게 따지는 냉정한 검증 절차라고 할 수 있다. 이처럼 손자는 현장에서 전투를 벌이기 이전에 결과의 예측성을 검증하여 전쟁의 확실성을 높이고자 했다.

다음으로 손자는 전황의 가변성을 어떻게 통제하고자 했을까? 아무리 '묘산'이 좋게 나온다고 하더라도 전쟁은 엄청난 물자가 들어가는 블랙홀과 같고 현장 상황에 따라 전황이 수시로 바뀔 수가 있다. 이와 관련해서 손자는 전쟁을 질질 끌게 되면 처음엔 유리하더라도 결국 패할 가능성이 많아진다고 보았다. 전쟁을 오래 끌게 되면 정예병도 약해지고 풍부한 물자도 바닥을 보이게 되기 때문이다.

> "전쟁은 서툴더라도 빨리 끝을 봐야지 교묘하게 오래 끄는 경우를 보지 못했다. 전쟁을 질질 끌어서 나라에게 이익이 되는 경우는 아직 없었다. 그러므로 용병의 해로움을 제대로 알지 못하는 사람이라면 용병의 이로움도 제대로 알 수가 없다."[59]

---

59) 「작전作戰」: "故兵聞拙速, 未睹巧之久也. 夫兵久而國利者, 未之有也. 故不盡知用兵之害者, 則不能盡知用兵之利也."(유동환, 76~77)

손자는 '졸속拙速'과 '교구巧久'라는 말을 묘하게 대비시키면서 전쟁의 조기 종결을 주장하고 있다. 물론 전쟁을 오래 끌어서도 이길 수가 있다. 하지만 오래 끌게 되면 그만큼 전쟁에 변수가 끼어들 가능성이 많아진다. 동맹의 균열이 생길 수가 있고 내부의 분열이 생길 수가 있고 전비가 기하급수적으로 늘어날 수가 있게 된다. 이렇게 되면 전쟁 외적 요인이 전쟁이 더 많이 작용하게 되는 셈이다. 그래서 손자는 다음 같은 결론을 내린다. "전쟁에는 승리가 중요하지 오래 끄는 것이 중요하지 않다. 전쟁을 아는 장수(지휘관)는 백성의 생명을 지키고 국가 안위의 기둥이 된다."[60]

◇ 지전은 전쟁의 예측 가능성을 높이려는 노력이다

그러므로 손자는 전승의 예측 가능성을 높이는 것이 지전知戰이자 지병知兵이라고 보았다. 원래 불확실한 속성을 가진 전쟁에 온갖 변수가 작용하게 만들면 불확실성이 더 증대하게 된다. 이것은 전쟁을 모르고 전쟁을 벌이는 것이다.

그래서 손자는 전쟁에 불확실성과 우연이 끼어든 것을 극력 배제하고자 했다. 같은 맥락에서 손자는 군주의 간섭을 강력하게 반대했다. 군주는 지위가 장군보다 위에 있으므로 자신의 위신, 자존

---

60) 「작전」: "兵貴勝, 不貴久. 故知兵之將, 生民之司命, 國家安危之主也."(유동환, 80~81)

진법 팔괘진八卦陣

진법陣法은 다수의 병사를 소수처럼 자유자재로 운용할 수 있는 방법이다. 병사가 아무리 많더라도 적재적소에 활용하지 못하면 나무 덩어리와 다르지 않다. 진법을 잘 활용하면 적의 동선을 미리 파악할 수도 있고 적은 병력으로 많은 병력에 대응할 수도 있다. 영화 「적벽대전」을 보면 진법이 전쟁에서 어떻게 활용되는지를 제대로 확인할 수 있다.

심, 명예, 감정에 따라서 간섭한다면 전쟁의 불확실성이 그만큼 늘어나게 된다. 극단적으로 양공의 사례에서 보이듯이 다른 사람은 모두 잘 해도 군주 혼자 전쟁을 망칠 수가 있다.

이와 관련해서 손자는 군주의 세 가지 유형으로 정리하고 있다. 첫째, 군대가 나아갈 수 없는 걸 모르면서 "앞으로 돌격!"을 명령하거나 물러날 수 없는 걸 모르면서 "뒤로 후퇴!"라는 명령을 내리는 것. 둘째, 군사軍事를 모르면서 군정軍政에 대해 왈가왈부하는 것. 셋째, 군권軍權을 모르면서 병사의 임무를 부여하려 하는 것이다. 바로 이렇게 군주가 세 가지 측면에서 군사를 모르면서, 즉 삼부지 三不知의 상황에서 전쟁에 개입하기 때문에 문제가 되는 것이다.

이러한 맥락에서 손자의 대표적인 주장이 나오게 된다.

"상대를 알고 나를 알면 백 번 싸우더라도 위태로워지지 않는다. 상
대를 모르고 나를 모르면 싸울 때마다 위태로워진다."[61]

"전쟁을 잘하는 자는 불패의 땅에 서서 적의 패배를 놓치지 않는
다."[62]

이 두 가지 테제를 합치면, 지전知戰해야 전쟁이 선전善戰으로
이어지면서 전쟁의 불확실성을 걷어낼 수가 있는 것이다.

사람은 늘 익숙한 상황에만 놓이지 않는다. 전혀 뜻밖의 새로운
상황을 만나게 된다. 이때 기존의 방식대로 할 것인가 아니면 개인
의 감에 맡길 것인가? 이에 손자는 학문을 만들어 냈던 것이다.

---

61) 「모공謀攻」: "知彼知己, 百戰不殆; 不知彼而知己, 一勝一負. 不知彼不知己, 每戰必殆."(유동환, 92)
62) 「형形」: "善戰者, 立於不敗之地, 而不失敵之敗也."(유동환, 97)

손자와 공자,
시대의 문제를 공유하다

춘추전국시대에 활동했던 여러 사상가와 학파를 합쳐서 '제자백가 諸子百家'라고 한다. 제자백가에서 '제'와 '백'은 복수를 나타내고, '자'는 공자와 노자에서 보이듯 사상가의 개인을 말하며, '가'는 유가와 도가에서 보이듯 학파를 가리킨다. 공자와 손자는 각각 유가 儒家와 병가兵家를 대표하는 인물이다. 이런 측면에서 보면 두 사람은 서로 다른 학파를 대표하는 만큼 물과 기름처럼 완전히 서로 다른 사상을 주장한 것으로 여겨지게 된다.

◆ 제자백가, 서로를 비판하다

　　사실 두 사람이 제자백가로서 같은 시대를 고민했던 만큼 서로
같은 점도 있을 만한데, 왜 상극의 인물처럼 보이게 되는 것일까?
맹자가 제자백가를 정통과 이단으로 나누고 유가 이외의 다른 학
파에 대해 강한 배타의식을 드러낸 점에서 그 원인의 실마리를 찾
아 볼 수 있다.

　　맹자는 제자백가 중에서도 감정의 가치를 찾아낸 것으로 유명
하다. '감정'하면 보통 화내고 미워하고 질투하는 것을 떠올리면서
그걸 부정적으로 생각한다. 맹자는 타인의 고통에 공감하고 거악
巨惡에 공분하고 비행에 부끄러워 하는 감정이 도덕으로 이어지는
길에 주목해서 성선의 '도덕 감정'을 찾아냈다. 이러한 맹자는 제
자백가 중에서도 다른 학파에 대한 감정적 표현을 숨기지 않았다.

> "요즘 군주를 섬기는 사람 중에 '나는 군주를 위해서 토지를 개간하
> 고, 창고를 가득 채우거나, 다른 나라와 맹약을 맺고, 전쟁하면 반드
> 시 승리한다.'라고 하는데, 그들은 오늘날 좋은 신하(전문가)라 불릴
> 지라도 옛날에는 백성을 해치는 자[민적民賊]일 뿐이다."[63]

　　맹자는 이런 사고를 바탕에 깔고 있기 때문에 그는 당시의 병

---

63) 『맹자』「고자」하: "今之事君者曰: '我能爲君, 辟土地, 充府庫.' 今之所謂良臣, 古之所謂民賊也."
(박경환, 309)

가, 종횡가, 법가를 극단적으로 혐오하고 극언을 서슴지 않았다.

> "전쟁을 잘 하는 자는 극형으로, 제후를 합종과 연횡으로 엮으려는
> 자는 다음의 형벌로, 황무지를 개간하여 세금을 늘리려는 자는 그 다
> 음의 형벌로 처벌해야 한다."[64]

맹자의 관점에서 손자의 '지전知戰'과 '선전善戰'은 배울 만한 학문이 아니며 백성에게 해를 끼치므로 극형으로 금지시켜야 하는 불온의 학문이다. 이러한 맹자의 관점이 너무 강하게 투영되자 손자의 학문 활동은 긍정적인 가치를 가진 것으로 평가를 받지 못하게 된다.

◇ 공자는 군사의 문외한이 아니었다

그렇다면 『논어』를 읽어 보자. 공자도 맹자처럼 손자가 목표로 했던 '지전'과 '선전'의 가치를 송두리째 부정하고 있을까? 공자가 위나라 영공靈公을 만난 적이 있다. 공자는 영공이 자신에게 예악이나 도덕과 관련된 인문학 이야기를 꺼내길 기대했다.

영공은 공자에게 전장에서 병사를 배치하는 진법陣法에 대해

---

64) 『맹자』「이루」상: "善戰者服上刑, 連諸侯者次之, 辟草萊任土地者次之."(박경환, 182)

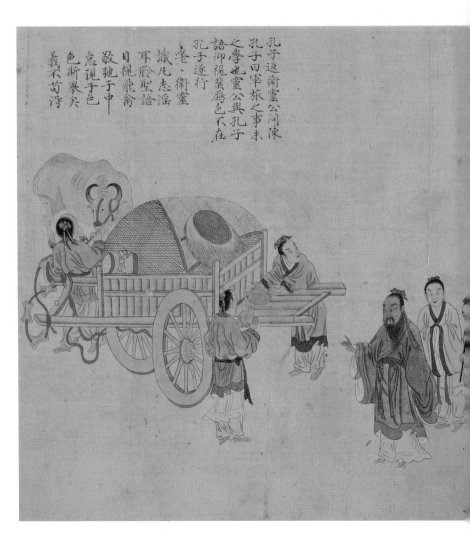

孔子遂行

孔子曰軍旅之事未
之學也靈公與孔子
語仰視蜚鴈色不在

孔子返衛靈公問陳

義不苟浮
色斯舉矣
息視于色
目視乎中
敬弛于中
耳聆飛鴈
識凡志滛
卷、衛靈

영공문진靈公問陳_영공이 공자에게 진법을 배우다

김진여金振汝, 1700, 비단에 채색, 32×57cm, 국립중앙박물관

위나라 영공은 공자를 만나서 진법陣法을 물었다. 영공은 공자가 하고자 하는 이야기가
아니라 하고 싶지 않는 이야기를 화제로 삼았다. 이것도 당시에 거절을 하는 방법 중의
하나였다. 하지만 공자와 영공의 일화를 바탕으로 공자가 군사에 아무런 관심이 없었다
고 말한다면, 이는 성급한 결론일 뿐이다.

질문을 던졌다. 영공의 질문에 실망이 컸던 공자는 "제기를 차리는 예의를 배웠지만 군대를 운영하는 일을 배운 적이 없다."(「위령공」)며 차갑게 대꾸했다. 이 사실에 주목하면 공자는 병학兵學에 관심이 없었다고도 볼 수 있다.

하지만 공자의 말을 가지고 그가 시대 문제의 군사적 해결을 완전히 부정했다고 확대 해석해서는 안 된다. 다른 곳을 보면 그는 병법을 진지하게 고려하고 있기 때문이다. 자로가 공자에게 삼군을 지휘하는 총사령관이 되면 누구와 함께하겠느냐고 물은 적이 있다.(「술이」) 앞서 영공에게 했던 대답대로라면 그는 "내가 총사령관이 될 일도 없을 텐데, 그런 쓸데없는 질문을 왜 하느냐!"고 자로를 질책해야 한다. 그러나 그는 눈치 없는 제자를 질책하지 않았다.

춘추시대에 제齊나라는 공자의 조국 노나라 이웃에 있으면서 노나라를 침략하곤 했다. 이런 나라에서 대부 진성자陳成子가 제후 간공簡公을 살해하는 반란이 일어났다. 공자의 사고 방식에 따르면 이는 하극상으로서 반드시 책임을 물어야 하는 패륜 사건이었다. 공자는 이 반란 소식을 듣고서 이웃 나라의 일임에도 불구하고 노나라가 제나라에 군사 개입을 해서 패륜의 책임을 물어야 한다고 주장했다.

이렇게 보면 공자는 영공에게 크게 실망했던 탓에 병학에 무관심한 태도를 보였지만, 평소 한 국가의 생존과 도덕적 가치를 수호하기 위해서 군사에 결코 냉담하지 않았다고 할 수 있다. 즉, 공자가 시대의 문제를 해결하기 위해서 군사적 해법에 집중하지는 않았지만, 그 가치를 결코 가볍게 본 것은 아니었다.

『논어』와 『손자』를 겹쳐 읽어 보면 두 사람 사이에 놓인 어떤 공통점을 찾아낼 수 있다. 손자가 『논어』를 꽤 충실히 읽으면서 자기 방식으로 공자의 사고를 계승·발전시키고 있는 측면을 찾아낼 수 있기 때문이다.

앞서 말했듯이 자로가 전군을 지휘하면서 누구와 함께하겠느냐는 이야기를 끄집어 낸 적이 있다. 자로는 공자가 자신과 함께하려고 한다는 답변을 기대했을 것이다. 그런데 공자는 자로의 기대를 차갑게 저버리며 다음의 조건을 제시했다.

> "맨손으로 호랑이를 때려잡으려다 물려 죽거나 맨몸으로 강을 건너려다 허무하게 빠져 죽어도 후회하지 않을 사람과, 나는 함께하고 싶지 않다. 반드시 할 일을 앞에 두고 두려워 하고 미리 꾀(전략)를 내서 일을 잘하려는 이와 함께할 것이다."[65]

공자는 군대를 지휘하려면 무턱대고 덤비거나 용기만 앞세울 것이 아니라 일을 신중하게 처리하고 사전에 다양한 가능성을 고

65) 『논어』 「술이」: "暴虎馮河, 死而無悔者, 吾不與也. 必也臨事而懼, 好謀而成者也." (신정근, 274)

려해야 한다고 보았다. 이런 맥락을 드러내는 공자의 말 중에서 주의할 만한 개념이 있다. 그것이 바로 '호모好謀'이다.

◆ 손자, 공자에게서 한 수 배우다

손자도 공자와 비슷한 말을 한 적이 있다. "최선의 병법은 전략으로 이기고, 다음은 외교(동맹)로 이기고, 다음은 군사력으로 이기는 것이다. 최하의 방법이 적의 성을 공격하는 것이다."[66] 공성전은 이기든 지든 아군의 막대한 희생을 피할 수 없는 물리적인 직접 충돌이다. 이런 측면에서 볼 때, 공성전보다 군사력이나 외교력이 낫지만 그것도 최선은 아니다.

최선은 전략을 통해서 전쟁을 억지하고, 또 적으로 하여금 전의를 일으키지 않도록 하는 것이다. 손자는 이러한 사고를 '벌모伐謀'라 했고, 달리는 '모공謀攻'이라 표현했다. 여기서 우리는 공자와 손자의 공통점을 찾아낼 수 있다. 공자의 '호모'가 손자에서 '벌모'와 '모공'으로 이어지고 있기 때문이다. 공자가 '호모'를 말하면서 손자가 일구어 낸 병학의 모든 지식을 염두에 두지는 않았을 터이다. '모謀'의 개념을 통해서 양자는 일을 감정대로 처리하는 것이 아니라 지략을 짜내야 한다는 점을 공유했던 것이다.

---

66) 「모공」: "上兵伐謀, 其次伐交, 其次伐兵, 其下攻城."(유동환, 85)

감정의 절제에 대해서도 두 사람의 생각이 비슷하다. 손자는 전쟁이 감정이나 기분이 아니라 철저하게 이해득실에 따라 결정되어야 한다고 보았다.

"이익이 아니면 군사를 움직이지 않고, 가능성이 높지 않으면 군사를 쓰지 않고, 위험이 없으면 결코 싸우지 않는다. 군주는 분노 때문에 군사를 일으켜서는 안 되고, 장군은 화 때문에 전쟁을 벌여서는 안 된다. 이익에 맞으면 움직이고, 이익에 맞지 않으면 그친다. 망한 나라는 다시 살릴 수 없고, 죽은 사람도 다시 살릴 수 없다. 그래서 밝은 군주는 전쟁에 신중하고, 뛰어난 장군은 깊이 경계한다. 이것이 나라를 편안하게 하고, 군대를 온전히 하는 길이다."[67]

이 구절은 사람이 공동의 규칙을 준수하도록 노력한다는 '극기복례克己復禮'의 유명한 구절을 떠올리게 한다. 공자는 극기복례의 실천을 위해서 "예가 아니면 보지 말고, 듣지 말고, 말하지 말고, 움직이지 말라!"[68]라고 했다. 공자의 예禮가 손자에서 이利로 바뀌었을 뿐이지, 두 사람의 말은 문장 구조가 같고 일시적인 감정에

---

67) 「화공火攻」: "非利不動, 非得不用, 非危不戰. 主不可以怒而興師, 將不可以慍而致戰. 合於利而動, 不合於利而止. 怒可以復喜, 慍可以復悅, 亡國不可以復存, 死者不可以復生. 故明君愼之, 良將警之. 此安國全軍之道也."(유동환, 192~193)

68) 「안연」: "非禮勿視, 非禮勿聽, 非禮勿言, 非禮勿動."(신정근, 452)

병산서원과 정문인 복례문

복례復禮는 『논어』에 나오는 '극기복례'를 줄인 말이다. 복례는 스포츠 시합에서 선수들이 룰을 지키면서 정정당당하게 승부를 겨루는 것과 같다. 자기 기분과 감정에 휘둘려서 룰을 마구 어긴다면, 스포츠가 스포츠로서 감동을 줄 수가 없다. 손자도 전쟁에서 감정의 절제를 무엇보다도 강조했다. 개인의 섣부른 자존심 때문에 공격을 한다든지 후퇴를 한다면, 돌이킬 수 없는 치명적인 타격을 입을 수 있다. 병산서원의 문을 들어서면서 '복례'의 뜻을 생각해 보자. 자신의 키가 작다고 문지방을 무조건 낮추라고 할 수 있을까!

사로잡히지 않도록 절제를 말한다는 점에서 유사하다. 즉, 공자는 합례合禮를 말하고 손자는 합리合利를 말하는 것이다.

보통 학파의 구분에서 사로잡혀서 공자와 손자는 같은 점이 없는 견원지간으로 간주된다. 다르다고 생각하면 다른 점도 보이게 된다. 하지만 두 사람의 세계를 자세히 들여다보면 의외로 서로 통하는 점이 있다. 즉, 학파 논리에 갇혀서 진면목을 놓치지는 말아야 한다.

손자는 진영(학파) 논리에 빠지지 않고 자신의 학문을 일구기 위해서 공자의 사상을 자기 식으로 새롭게 해석해 냈던 것이다. 진영 논리에 빠지면 상대의 단점을 더 키우고 상대의 장점마저도 단점이라 여기게 된다. 이렇게 되면 모두 사실에서 멀어져 버린다.

사실 이는 공자와 손자 모두가 실제로 가꾸었던 일도 아니고 바라는 일도 아닐 것이리라! 시대를 설계하려면 자신과 다른 것을 다르게 보는 것만큼이나 다른 것 속에서도 서로 통하는 점을 찾는 지혜의 안목을 키워야 할 것이다.

무엇이 사람을
움직이게 하는가

손자는 전국시대에 맞는 전승의 요점을 찾아내려고 했던 만큼 사람의 새로운 점도 주목했다. 사람의 특성을 제대로 모르고서는 아무리 작전을 잘 짜더라도 전쟁을 승리로 이끌 수 없기 때문이다. 손자는 사람이 그렇게 되어야 한다는 당위가 아니라 실제로 드러나는 욕망에 주의를 기울이며 시대와 사람을 움직이는 길을 찾았던 것이다.

기량과 실력 차이가 크게 나는 상대가 서로 맞붙으면 우리는 다윗과 골리앗의 싸움이라고 말한다. 겉으로 보기에 분명히 상대가 되지 않을 듯하지만 실제로 이스라엘의 다윗은 블레셋의 골리앗의 이마에 돌멩이를 맞춰서 이기게 된다. 사실 이는 '이겼다'고

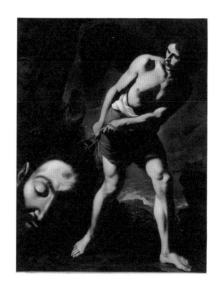

다윗과 골리앗

다윗과 골리앗의 이야기는 구약성서 「사무엘서」 상 17장에 나오는데, 다윗이 불레셋 장수 골리앗의 이마에 돌멩이를 명중시켜 쳐죽였다. 이 장면은 훗날 회화와 영화 등에 단골로 등장하는 소재가 되었다.

말하기가 어렵다. 하나님을 믿는 다윗이 하나님을 믿지 않는 골리앗을 이기도록 되어 있는 일이 일어난 것이기 때문이다. 만약 신의 개입이 없었다면 현실에서 이런 일이 일어난다는 게 쉽지 않을 것이다.

◇ **몽둥이를 든 정의의 군대가 천하무적일까**

맹자도 다윗과 골리앗의 싸움에서 일어났던 일과 비슷한 이야기를 하고 있다. 맹자가 살았던 전국시대는 약육강식의 시대였다. 당시 사람들은 부국강병富國强兵을 통해서 약자에서 강자로 변신

맹자

맹자는 공자의 사상을 계승하여 유학이 하나의 주도적인 학문으로 성장하는 데에 초석을 다진 인물이다. 그는 양주와 묵적, 병가와 법가 등 다른 제자백가의 사상을 극력으로 비판하면서 공자의 사상을 지키는 수호천사 역할을 자임하기도 했다. '맹모삼천孟母三遷'의 고사처럼 맹자는 어릴 적에 어머니의 철저한 교육을 받은 것으로 유명하다. 실제 맹자는 공자이상으로 후대 철학사에서 쓰이는 중요한 수많은 개념을 제안했다.

맹묘

공묘가 공자의 신위를 모시는 사당이라면 맹묘孟廟는 맹자의 신위를 모시는 사당이다. 공자가 성인聖人으로 추앙 받았다면 맹자는 성인에 이르지 못했지만 성인에 버금간다고 하여 '아성亞聖'이라 불렸다.

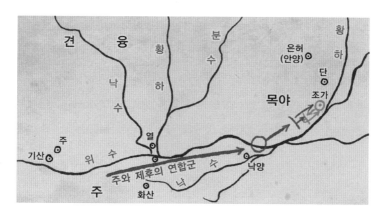

목야 전쟁의 전개도

주나라는 은나라와 최후의 일전을 준비했다. 주나라는 먼저 맹진盟津에 도착하여 은나라를 칠 연합군이 도착하기를 기다렸다. 아울러 연합군은 맹진에 포진하고 남쪽에서 은나라를 지원하려는 움직임을 차단하려고 했다. 연합군은 맹진에서 황하를 건너서 목야에서 은나라와 전쟁을 벌여 승리를 거두었다. 이로써 은나라는 망하게 되었고 주나라는 새로운 천자의 나라가 되었다.

하여 위협으로부터 벗어나 살고자 했다. 상대보다 약하면 늘 그 점 때문에 침략의 위협을 느끼지 않을 수 없었기 때문이다.

맹자는 참으로 대담한 질문을 던졌다. 무엇으로도 뚫을 수 없는 갑옷과 무엇이든 뚫을 수 있는 무기, 즉 견갑리병堅甲利兵을 든 사람과 나무를 대충 깎아서 만든 몽둥이를 든 사람이 싸우면 과연 누가 이길까? 그는 다윗이 골리앗을 이겼듯이 몽둥이 부대가 견갑리병의 부대를 이길 수도 있다고 보았다.

주나라가 강한 은나라를 목야 전쟁에서 무찔렀듯이, 불의에 신음하는 사람을 구하는 정의의 해방군이라면 몽둥이를 들고서라도 첨단 무기로 무장한 불의의 악한 세력을 내리칠 수 있다고 본 것이다. 적조차도 해방군이 오기만 하면 자신의 군대에서 이탈하거나 창을 거꾸로 잡고 해방군과 함께 싸움을 하게 된다는 차원이다.

정의와 불의의 싸움에서 맹자는 명분이 다른 어떤 것보다 가장 강력한 무기라고 보았다. 즉, 명분이 확실하면 불의의 적도 언제가 정의로 돌아서게 된다는 말이다. 이처럼 맹자는 부국강병을 외치는 현실에서 사랑하는 사람에게 대적할 수 없다는 인자무적仁者無敵을 외쳤던 것이다.

물론 현실은 좀 다를 수 있다. 신과 정의의 군대가 한때나마 패배를 겪을 수도 있다. 이럼에도 불구하고 신을 굳게 믿고 정의의 실현을 조금도 의심하지 않는다면 불의가 일시적으로 득세한다고 하더라도 언젠가 사필귀정事必歸正이 되리라 생각할 수 있다.

그렇다면 손자도 신의 가호를 받는 다윗과 정의를 지키는 몽둥이 부대가 과연 현실에서 천하무적이라고 믿었을까? 아마 그는 신의 존재를 완전히 부정하지 않는다고 하더라도 기적만 믿고 돌멩이를 호주머니에 넣고 싸우러 나서지는 않았을 위인이다. 또 그는 정의가 언젠가 이긴다는 점을 부정하지는 않지만, 가만히 있거나 몽둥이로도 정의가 불의를 '쉽고', '확실히' 이길 수 있다는 사고를 믿지 않았다. 정의의 군대라도 대비를 잘 해야 이길 수 있다고 본 것이다.

예컨대 지금 당장 포악한 강자가 선량한 약자를 향해 쳐들어오고 있는데 약자는 자신을 지키려고 하면서 '정의' 타령만 하면 되는 것일까? 양측이 다 정의를 주장한다면 어느 쪽이 정의인지 어떻게 판정할 수 있을까? 불의의 득세가 줄어들지 않고 더 강해질 때 과연 정의는 어떻게 해야 하는 것일까?

◆ 손자, 사람의 심리를 꿰뚫다

손자는 현실의 사람이 이익과 손해에 따라 어떻게 반응하는지, 어떤 상황에서 심리적으로 두려워하는지, 어떤 조건에서 초인간적인 능력을 발휘하게 되는지 등에 주목했다. 그는 전쟁이 개인의 전투력과 공동체의 물질적 뒷받침 그리고 물질적 역량과 정신적 역량의 유기적 조직화에 의해 승패가 갈린다고 보았다. 손자는 몽둥이 부대의 만능에 절대적 지지를 보내지 않았던 것이다.

『묵자』를 보면 춘추시대의 사람들이 얼마나 이익에 따라 움직이는가를 보여주는 군사 훈련법이 있다. 춘추시대에 여러 나라들은 경쟁적으로 정예병을 키웠다. 예컨대 월나라 구천勾踐은 어떤 상황에서도 두려움을 모르고 목표를 향해 돌진하는 용사를 훈련시켰다.

어느날 그는 배에다 불을 지르고 용사들에게 "월나라의 보물이 모두 이 속에 있다."라고 말하고 북을 쳤다. 그러자 용사들은 먼

구천

구천勾踐은 춘추전국시대 월나라의 왕이다. 그는 범려와 문종을 중용하여 제도를 정비하였다. 이를 발판으로 오나라와 대결 과정에서 최종 승리를 거둘 수 있었다. 오나라의 합려, 부차 부자와 지속적으로 경쟁했던 만큼 '오월동주吳越同舟', '와신상담臥薪嘗膽'이라는 고사성어의 주인공이 되었다.

저 들어가기 위해서 이리저리 날뛰며 불 속으로 뛰어들었다. 사망자가 속출했지만 구천이 북을 치며 물러나게 해서야 비로소 멈추었다.(「겸애兼愛」 중) 용사들이기는 했지만 보물을 향한 욕망은 불과 죽음에 대한 두려움을 넘어서게 만들었던 것이다.

이러한 일은 오나라에서도 있었다. 기원전 482년에 오나라 부차夫差는 진晉나라, 노나라와 함께 황지黃池에서 회맹을 했다. 오나라의 부차가 황지에서 두 나라와 주도권을 두고 다툴 때 월나라가 부차가 없는 틈을 타서 오나라의 배후를 습격했다.

오나라는 월나라의 기습에 맞서기 위해서 신속하게 귀로에 올라야 했다. 하지만 진나라와 노나라가 오나라에 맞서거나 다른 나라가 오나라의 귀로를 막아선다면 부차의 주력군은 주력군대로 타격을 받고, 오나라에 남아 있는 군사도 월나라의 공격으로 타격을 받지 않을 수가 없었다.

부차로서는 이중삼중으로 힘든 상황이 아닐 수 없었다. 이때 왕손 낙王孫雒이 해결 방안을 제안했다.

"높은 자리와 많은 재물을 내걸어 귀로를 서두르게 자극하고 처벌을 들먹거리며 힘쓰지 않는 사람을 욕보여서 병사들로 하여금 죽음을 가볍게 여기게 해야 한다."[69]

부차는 절체절명의 상황에서 기적을 바라거나 영웅을 기다리지 않았다. 그는 자신이 이끌고 있는 병사 이외에 다른 것에 눈을 돌리지 않았다. 이 병사들이 어떻게 하느냐에 따라 부차와 오나라의 운명이 결정될 수 있었다. 이때 그는 왕손 낙의 제안을 받아들여서 사람이 이익을 바라고 손해를 피한다는 테제에 따라 군사를 지휘했다.

손자도 이와 다르지 않았다. 그는 사람이 반응을 보일 수 있고 그렇지 않을 수도 있는 것보다 어떠한 상황에서도 반드시 반응을 보일 수밖에 없는 것에 주목했다. 이와 관련해서 손자는 두 가지를 제안했다. 하나는 이利이고 다른 하나는 세勢이다. 그는 다른 것보다도 이두 가지가 사람을 움직일 수 있는 가장 결정적인 요소라고 판단했다.

---

69) 『국어』「오어吳語」5: "勸之以高位重畜, 備刑戮以辱其不勸者, 令各輕其死."

◆ 사람은 이익에 따라 움직인다

사람이 아무리 훈련을 많이 해도 막상 전장에서 평생 기량을 발휘하지 못할 수가 있다. 손자는 병사의 능력을 끌어내기 위해서 두 가지 방법을 제안했다. "적을 무찌르게 하려면 분노(적개심)를 자극해야 하고, 적의 이익(자원)을 빼앗으려면 재물(상)을 주어야 한다."[70]

손자는 병사가 웅크리지 않고 용기를 발휘하도록 하기 위해서 정의의 명분을 설교하거나 명예로운 희생을 요구하거나 영웅적인 행위에 호소하지 않는다. 이와 달리 그는 병사의 감정을 자극하여 용기를 떨치게 하고 재물로 유인하여 적의 물자를 노획하게 하는 방법을 제안하고 있다.

그는 이러한 유인책을 단순히 이론적인 차원에서 제안하는 것이 아니라 구체적인 이해득실을 따져 계산하고 제출했다. 그래서 아군이 적의 내지로 깊숙하게 침투했을 때 기본 물자는 본국에서 가져오지만 식량은 적지에서 조달해야 한다는 원칙을 제시했다. 그는 "적의 식량 1종種을 빼앗으면 본국에서 20종을 조달하는 것에 맞먹는다."고 계산했다.(「작전」) 이에 따르면, 이제 전투는 적의 병력을 살상하여 전투 역량을 제거하는 것만이 아니라 적의 물자를 노획하는 경제 전쟁의 특성까지 지니게 되는 셈이었다.

---

70) 「작전作戰」: "故殺敵者, 怒也. 取敵之利者, 貨也."(유동환, 79~80)

이해는 사람을 지금 당장 움직이게 하는 현재 가치이면서 앞으로 사람을 어떤 방향으로 움직이게 만드는 미래 가치가 된다.

"전투를 잘하려면 상대를 끌어 와야지 상대에게 끌려 다니면 안 된다. 이렇게 적으로 하여금 스스로 움직이게 하려면 그게 유리하다고 판단하게 만든다. 반대로 적으로 하여금 스스로 움직이지 않게 하려면 그게 불리하다고 판단하게 만든다."[71]

이로써 이해는 현실의 사람, 특히 전장의 병사를 실제로 움직이게 하는 알파요 오메가이다. 그 결과 자연스럽게 이해는 전쟁을 결정하는 요소가 된다. 이익을 극대화시켜서 전승으로 이끌어 내려면 이익이 일회에 그치지 않고 되돌릴 수 없는 흐름을 이루어야 한다. 그래서 손자는 "형세는 유리한 상황에 기대서 저울질을 이리저리 할 수 있는 것"[72]으로 보았다. 이렇게 흐름을 타면 나무와 돌이 비탈길을 굴러가듯이 적을 몰아붙이게 되는 것이다.

손자는 사람이 그렇게 하리라는 막연한 믿음이 아니라 꼭 그렇게 될 수밖에 없다는 확실한 믿음에 따라 움직인다고 보았다. 이러한 판단이 결국 이익도 본체만체하는 의인義人이 아니라 이익이라

---

71) 「허실虛實」: "宣戰者, 致人而不致於人. 能使敵人自至者, 利之也. 能使敵人不得至者, 害之也."(유동환, 112~113)

72) 「계計」: "勢者, 因利而制權也."(유동환, 67~68)

면 물불을 가리지 않는 전국시대의 보통 사람[범인凡人]들을 전쟁터로 끌어냈던 것이다. 우리는 사람이 나를 따르지 않는다고 아쉬워할 게 아니라 손자처럼 그 시대 사람들이 무엇에 마음이 움직이는지를 먼저 찾아내야 할 것이다.

백거 전쟁,
손자 병법의 하이라이트

아는 대로 일이 이루어진다고 가정해 보자. 그러면 경제 동향을 잘 아는 경제학자가 주식 투자를 가장 잘 할 것이고, 스포츠 경기를 찬찬히 풀이하는 해설가가 가장 좋은 성적을 내는 감독이 될 것이다. 현실에서는 꼭 그렇지 않다. 경제 동향을 전체로 꿰뚫지 못하는 일반 투자자가 경제학자보다 더 큰 수익을 올릴 수 있고, 해설을 못해도 선수들의 능력을 잘 끌어내는 사람이 명감독이 될 수 있다. 이처럼 이론과 현실은 꼭 일치하는 것만은 아니다.

군사 분야도 마찬가지이다. 손자는 탁월한 군사 이론가로서 상대를 압박하여 자신이 원하는 방향대로 전쟁을 치르려고 할 것이다. 하지만 실제 전투가 100% 손자의 작전대로 진행될 수 있었을까? 『사기』에서 보이듯 손자는 일찍이 오나라의 합려 앞에서 궁녀를 대상으로 병사를 지휘하는 실력을 보인 적이 있었다. 하지만 그것은 어디까지나 일시적인 지휘였지 실제 전투는 아니었다.

◇ 백거 전쟁 이전 오나라와 초나라의 관계

손자는 기원전 506년에 당시 또 한 명의 뛰어난 군사 전략가 오자서伍子胥와 함께 초나라를 공격하여 수도를 점령하고 초나라를 멸망 직전으로 몰고 갔던 적이 있었다. 이 백거柏擧 전쟁은 지금 전해지는 기록으로는 손자가 지휘한 유일한 전투이다.[73] 오나라는 오늘날 상하이 일원의 장쑤江蘇성에 있던 나라로 기원전 7세기까지 별다른 주목을 받지 못했다. 북쪽의 진晉나라는 남쪽의 초나라가 북진을 하지 못하게 하기 위해서 초나라 옆에 있던 오나라에 군사 원조를 제공했다. 특히 진나라는 전차전에 무지했던 오나라에 전차와 군사 기술을 전수하였다. 오나라는 이를 바탕으로 백거 전쟁이 일어나기 전까지 거의 80여 년간(584~506 BC) 우연이든 필연이든 끊임없는 전쟁을 벌였다.

당시 초나라와 오나라는 모두 누에를 쳐서 옷감을 짰는데, 국경 지역 사람들이 서로 뽕잎을 두고 분쟁을 일으켰다. 이 분쟁은

---

73) 백거 전쟁을 둘러싼 전황과 전개에 대해서 김충영, 『전쟁영웅들의 이야기—고대 동양편』, 두남, 2003; 개정판 1쇄 2012 참조.

전제의 오왕 요 살해

오나라는 왕위의 계승이 복잡하게 진행되었다. 장자 상속, 말자 상속, 형제 상속 등 원칙
이 뒤죽박죽이 되어 있었다. 야심이 있는 사람이라면 누구라도 왕이 될 권리가 있다고 할
수 있을 정도였다. 합려도 원래 왕이 아니었다. 그는 오왕 요를 자신의 집 잔치에 초대한
뒤에 전제가 물고기 뱃속에 칼을 숨겨서 오왕 요에게 접근하게 해서 살해했다. 이로써 합
려는 왕이 될 수 있었다. 그림은 그 긴박한 순간을 나타내고 있다.

두 나라 사이의 정규전으로 진행되기도 했다. 공자 광光(훗날 오왕
합려)은 군사를 이끌고 초나라와 겨루어 두 읍을 함락시켰다. 기원
전 515년에 오자서에게 멸문의 화를 안긴 초나라 평왕平王이 죽고
소왕昭王이 왕위를 이었다. 오나라는 국상을 틈 타서 초나라를 공
격했다. 이때 초나라가 오나라의 퇴로를 차단하는 바람에 오나라

가 고립되어 패배를 당했다. 초나라의 공격으로 오나라의 군사가 도성에 없는 틈을 타서 공자 광은 잔치를 핑계로 오왕 요僚를 자신의 집으로 초대하여 틈을 봐서 살해하고서 스스로 왕위에 올랐는데, 이 사람이 바로 합려이다.(309쪽 '오나라 왕위 계승도' 참조)

두 나라의 갈등에서 전기가 된 것은 훗날 '손오孫吳'로 불리는 오자서와 손무(손자)의 오나라 입국이었다. 오자서는 원래 초나라 사람인데, 초나라의 권력 투쟁에서 처참하게 몰락한 뒤에 복수를 꿈꾸며 오나라로 찾아왔다. 손무는 제나라 사람인데, 아마 합려의 초청으로 오나라로 오게 된 듯하다. 이렇게 오나라 합려는 진나라로부터 전수받은 선진 군사 물자와 기술 그리고 당대 최고의 군사 전문가의 조력을 바탕으로 해서 초나라 멸망 계획을 차근차근 진행했던 것이다.

◆ 오나라 합려, 초나라 공격을 준비하다

합려는 자신의 목표를 위해서 때를 기다릴 줄도 알며 도움이 되는 것을 얻기 위해서 국적을 따지지도 않았다. 먼 날을 내다보면서 반대의 의견을 수용할 줄 아는 주도면밀한 인물이라고 할 수 있다.

합려는 왕이 된 후 3년이 지나 초에 대한 전략을 적극적인 공세로 전환했다. 당시는 전왕 요의 두 동생들이 초나라에 투항하여 오나라의 변방을 교란하고 있었다. 기원전 512년에 합려는 손자를 시켜서 두 사람을 공격하여 근거지를 장악하고서 오나라를 공격하는 초나라의 전진 기지를 분쇄시켰다. 합려는 승리에 고무되어 초나라의 수도 영郢으로 진공하려고 했다. 이에 손자는 합려에게 제안했다. "백성(군사)이 지쳐 있으니 아직 안 됩니다. 잠깐 다음을 기다리십시오."(民勞, 未可, 且待之. 『사기』 「오태백세가」)

합려도 손자의 말을 받아들여서 회군했다. 손자는 병법에서 전장에서 군주의 명령을 거부할 수 있는 권한을 강조한 적이 있는데, 이와 부합된다고 할 수 있다. 이때 합려가 자신의 생각을 꺾지 않고 공격을 했더라면 오나라는 반대로 치명적인 패배를 당할 수 있었을 것이다. 합려가 전장에서 장군의 판단을 존중했기에 이후 연이은 공격에서도 승리를 맞볼 수 있었다. 이렇게 보면 훌륭한 장군은 혼자서 잘하기도 하지만 그를 뒷받침할 만한 상식적인 지도자와 만나야 그 일이 가능한 것이다.

기원전 511년에 이르러 오나라는 적진 초나라의 내부로 깊숙이 침투하여 초나라의 군사를 본격적으로 괴롭히기 시작했다. 손무와 오자서는 처음에 기습적으로 성보城父 등 변경의 세 지역을 공격한 뒤 초나라의 군사가 맞서 싸우려 오자 싸우지도 않고 꽁무니를 뺐다. 그러다가 갑자기 초나라 지역으로 깊숙이 들어가서 현읍弦邑에 들이닥쳤다. 또 초나라 군이 추격해 오면 오나라 군은 부리나케 철수했다. 이를 통해서 오나라는 초나라로 하여금 자신들이 어디를 겨냥할지 모르게 만들었고, 방어해야 할 곳을 넓히게 만들었다. 결국 초나라는 아무리 병력이 많았다고 하더라도 군사를 분산 배치할 수밖에 없었다. 이것도 손자가 병법에서 허허실실虛虛實實로서 강조하는 바이다.

기원전 508년에 이르러 초나라는 오나라에 대한 수세를 공세로 전환시키고자 했다. 초나라의 영윤 낭와囊瓦가 예장豫章을 공격했지만 손자는 이 공격을 미리 알아차리고 배를 준비했다가 군사를 다른 곳으로 옮겼다. 소강 상태가 지속될 무렵 손자는 예장의 초나라 군사를 급습하여 대파했다. 이번에도 합려는 초나라 수도로의 진공을 바랐지만 손자는 초나라가 이웃 나라와 우호 관계에 있다는 점을 이유로 공격에 반대했다. 오나라가 초나라와 일대일로 싸우면 이길 수 있을지 몰라도 주위의 나라가 초나라 편을 들면 오나라 군은 적진에서 고립될 수가 있었다.

변경 전투가 아니라 수도 진공의 경우엔 원거리 이동이 불가피하다. 불가피하고 해서 무조건 체력 단련과 정신력 무장만을 앞세울 수는 없다. 초나라는 장거리 이동을 위해서 육로가 아니라 회하淮河와 한수漢水를 택했고, 그를 위해 수군水軍 훈련을 시켰다. 손자는 전승의 달콤한 맛에 취하지 않고 앞으로 벌어질 전투의 특수성을 미리 파악하여 단점을 줄이거나 단점을 장점으로 바꾸는 길을 찾아냈던 것이다.

이때 마침 대대로 초나라의 세력권에 있던 채蔡나라와 당唐나라가 초나라와 외교적 갈등을 빚게 되었다. 초나라의 영윤 낭와는 초나라를 방문한 채나라와 당나라의 군주가 가진 옷과 말을 탐내서 그걸 달라고 했다가 거절당했다. 그는 대국의 힘을 앞세워 약소국 채나라와 당나라의 군주를 억류시켰다. 결국 두 사람은 낭와가 원하는 것을 주고 나서야 본국으로 돌아올 수 있었다. 이런 그들은 본국으로 돌아온 뒤 오나라와 함께 초나라를 공격하자고 제안하기에 이른다.

◆ 백거 전쟁의 발생

이로써 모든 조건이 무르익었다. 초나라 북쪽에 있는 당나라와 채나라가 초나라로부터 등을 돌렸으니 배후에서 오나라를 칠 위험이 줄어들었다. 그리고 오나라는 수군을 통해 초나라 적진 깊숙이 신속하게 침투하여 초나라가 미처 방어를 하기도 전에 선제 공격을 할 수가 있었다. 이전에 손자는 초나라 수도의 진공을 바라던 합려의 욕망을 제지했지만, 기원전 506년에 드디어 출사표를 던진 것이다.

물론 전통적인 강대국 초나라도 만만치 않았다. 좌마마 심윤술 沈尹戌은 오나라 군의 전략을 간파하고서 영윤 낭와와 양동 작전을 구사했다. 오나라 군대가 회하로 이동해서 육지를 침투할 예정이므로 낭와는 오나라 군의 진격 방향 앞에서 막고 자신은 오나라 군

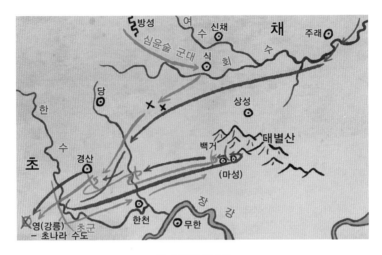

백거 전쟁 전개도

동쪽의 오나라는 서쪽의 초나라를 공격하기 위해서 만반의 준비를 갖추었다. 이동 거리가 길면 초나라의 대비가 충분해지고 오나라의 공격이 신속하게 진행되지 못한다. 아울러 전쟁을 지원할 보급이 힘겨워진다. 손무와 오자서 등은 초나라를 공격할 때 이런 위험성을 알고 있었다. 그들은 빠른 이동을 위해서 수군을 운용하고, 공격 루트를 다양하게 하여 초나라의 병력을 분산시키고자 했다. 이렇게 차근차근 초나라를 공격하자 초나라는 자중지란이 일어나 제대로 방어도 못해 보고서 무너졌던 것이다.

대의 배후로 돌아가서 협공하자는 것이었다.

낭와는 심윤술의 작전대로 하여 승리를 거두더라도 자신이 심윤술에 비해 전공이 불리할 것 같다고 생각했다. 이에 그는 애초의 작전대로 심윤술과 오나라 군을 협공하지 않고 혼자서 오나라 군과 접전을 벌여서 승리를 챙기고자 했다. 하지만 낭와는 자신의 희망과 달리 오나라 군의 전략에 말려서 처참하게 패배를 당했다. 이 소

신포서

신포서申包胥는 초나라 소왕 시절의 정치인이다. 오나라가 오자서와 손무의 지략으로 초나라를 공격했다. 초나라는 수도가 함락될 정도로 바람 앞의 불과 같은 상황에 놓였다. 이때 신포서는 진나라로 가서 애공에게 구원병을 요청하여 망해가는 초나라를 살려 놓았다.

식을 듣고 급히 구원을 온 심윤술마저도 장렬히 싸우다 전사했다.

이로써 오나라 군은 초나라 군과 다섯 번 싸워서 다섯 번 모두 이겼다. 오나라 군은 이 여세를 몰아서 마침내 초나라 수도 영郢을 점령했다. 이는 오나라와 초나라 사이에 80여 년에 걸쳐진 갈등을 매듭짓는 역사적인 전투였다.

초나라가 멸국의 위기에 놓이자 신포서申包胥는 진秦나라로 달려가 구원병을 요청했다. 진나라의 애공哀公은 처음에 파병을 반대했지만 신포서가 진나라 조정에서 밤낮으로 통곡하여 7일 밤낮 그 소리가 그치지 않았다. 이에 진나라 애공은 그의 진심에 감동하고 파병을 결정했다. "초나라가 비록 무도하다고 하더라도 이와 같은 충신이 있으니 어찌 살리지 않을 수 있겠는가!"[74] 진나라의 구원병

---

74) 『사기』「오자서열전」: "楚雖無道, 有臣若是, 可無存乎!"

이 도착하고 오나라 군에 내란이 생기자 초나라는 겨우 멸국의 위기를 벗어날 수 있었다.

손자의 초나라 수도 진공은 병법에서 말하는 내용이 현실에서 그대로 실현되고 있다. 손자가 이론적으로 작전을 짜더라도 그 작전은 100% 현실에 바탕을 두고 있었기 때문에 성공할 수밖에 없었던 것이다. 손자는 현실을 무시하고 이론을 앞세우는 샌님도 아니고, 현장을 앞세우고 이론을 무시하는 무모한 사람도 아니었다. 그는 이론과 현실이 선순환하여 최상의 조합을 이룰 수 있도록 하는 신군神軍의 장수였다.

폭넓은 지식을 군사학으로 녹여내다
─ 손자식 통섭

과거에 '병법'하면 손자를 떠올렸다. 이는 사마천이 『사기』에서 한 말에서도 확인할 수 있다. "세상에서 병서를 이야기하는 사람들은 하나같이 『손자』 13편과 『오기 병법』을 들먹인다." 현대의 전쟁 양상이 손자 시대의 그것과 많이 다르므로 손자 병법은 그 생명이 다했으리라 여겨질 만하다. 하지만 그의 책은 아시아를 넘어서 다른 나라에서도 군사학의 교재로 읽히고 있다.

◆ 손자가 병법을 지을 수 있었던 자원들

손자는 어떻게 오늘날에도 읽히는 병법을 완성할 수 있었을까?

오자서

오자서伍子胥는 초나라 사람이었지만 아버지와 형이 모함을 받아서 죽자 여러 나라를 거쳐서 오나라로 망명했다. 그는 합려를 만나서 오나라의 군사력을 키웠다. 나중에 그는 손무와 함께 힘을 합쳐서 초나라를 공격하여 초나라를 거의 멸망 직전으로 몰아 넣었다. 하지만 백거 전쟁 이후로 합려가 죽고 부차가 왕이 된 뒤 두 사람은 외교와 군사 정책을 두고 대립하게 되었다. 오자서는 자신의 꿈을 제대로 펼치지 못한 채 죽고 만다.

첫째, 가문의 영향을 들 수 있다. 첫 번째 손자인 손무孫武 뒤에 두 번째 손자 손빈孫臏이 나와서 춘추전국시대에 병법으로 이름을 떨칠 정도였으니 가학의 전통이 있었다고 할 수 있다. 특히 고대 사회는 신분과 기술이 세습되었던 만큼 손자(손무)도 성장 과정에서 가학의 훈습을 받았을 것이다.

둘째, 경험의 축적이 도움이 되었을 것이다. 손자가 아무리 병법에 일가견을 가지고 있다고 하더라도 실전 경험이 없으면 병법을 확립하기가 어렵다. 자리가 사람을 만든다고 하듯이 이론과 실전은 상승 작용을 일으키기 때문이다. 이미 『손자』 13편이 완성된 뒤지만 손자는 오자서伍子胥와 함께 오나라 군대를 지휘하여 강대국 초나라를 멸국 직전으로 몰아갔다.[75] 이러한 경험은 병법의 완

---

75) 오자서의 인생도 파란만장하다. 초나라에서 모함과 권력 투쟁으로 인해 여러 나라를 돌고 돌아 오나라에 와서 합려와 연합하여 조국을 공격했다. 그의 전기는 내용이 빈약한데, 소설이 그

성도를 높여주는 계기가 되었을 것이다.

가문과 경험만으로 손자 병법의 탁월성을 설명하기는 어렵다. 손자의 병법을 읽어 보면 오랜 경험의 축적과 가학의 전승만이 아니라 번뜩이는 통찰과 예지 그리고 종합적 사고가 담겨 있다. 이러한 것은 손자가 평소에 군사만이 아니라 다양한 분야에 대해 관심을 두었기 때문에 가능했으리라 본다.

한국십진분류법KDC의 학문 분류에 따르면 손자의 책은 390번 대의 국방과 군사학에 속한다. 그러나 『손자』를 읽다 보면 그 내용이 군사학에만 그치지 않고 지리, 사회, 기후, 심리, 정치, 경제, 정보, 역사, 조직 등을 아우르고 있다. 그렇다면 손자가 얼마나 많은 영역에 걸쳐서 지식을 쌓고자 했는지 알아보자.

손자는 전투가 땅 위에서 벌어지는 만큼 지리와 지형에 대한 관찰과 이용을 많이 강조했다. 그는 지리나 지형과 관련해서 거리가 멀고 가까운지, 지형이 험하고 평탄한지, 지역이 넓고 좁은지, 지세가 유리하고 불리한지 파악해야 한다고 보았다.(「계」)

아울러 그는 산림, 험지險地, 습지 등의 지형을 알지 못하면 행군할 수 없고, 특정 지역의 길잡이를 쓰지 않으면 지리적 이점을 얻을 수 없다고 보았다.(「군쟁」) 이를 보면 손자가 전쟁을 벌이기 전에 승리의 가능성을 미리 검토하는 묘산廟算을 강조하기도 했지만,

---

틈을 메워주고 있다. 이수광, 『오자서 열전』, 아리샘, 2012 참조.

실제로 전쟁에 대한 대비가 얼마나 철저했는가를 알 수 있다.

◆ 지형과 재정 등의 지식을 종합해 내다

지형과 지리에 대한 강조에는 여기에 그치지 않는다. 여기에 그친다면 손자는 지리학자는 될지언정 장군이 될 수는 없었을 것이다. 그는 사전에 파악한 지형 지리의 사실과 정보를 바탕으로 군사학의 지식을 가공해 냈다. 그는 지형을 통형通形, 괘형挂形, 지형支形, 애형隘形, 험형險形, 원형遠形 등 여섯 가지 유형으로 분류했다.

통형은 아군과 적군이 모두 접근하기가 쉬운 곳으로 고지대를 먼저 차지하면 식량 보급로를 확보하기 쉬우므로 작전에 유리하다. 괘형은 나아갈 수는 있지만 돌아오기가 어려운 곳으로 적의 대비 여하에 따라 유불리가 나뉜다. 즉, 적의 대비가 소홀하면 기습하여 이길 수 있지만 적의 대비가 철저하면 공격하더라도 후퇴하기가 어려워 진퇴양난에 빠질 수 있다.(「지형」)

또 손자는 용병과 지형을 결합시켜서 구지九地의 개념을 정립했다. 즉, 산지散地, 경지輕地, 쟁지爭地, 교지交地, 구지衢地, 중지重地, 비지圮地, 위지圍地, 사지死地가 있다. 산지는 자신의 영토에서 싸우느라 마음이 흐트러지는 곳이다. 경지는 적지에 깊숙이 들어가지 않아 마음이 들뜨게 되는 곳이다. 쟁지는 누가 차지하더라도 유리하기 때문에 다투는 전략적 요충지이다.(「구지」)

이렇게 손자는 먼저 지리학자처럼 자국의 영토만이 아니라 싸움을 벌여야 할 상대 영토의 지형에 대해서 면밀하게 사전 조사를 했다. 다음으로 이런 사전 조사를 바탕으로 어디에서 전투를 벌일지 결정해야 하므로 지형의 전략적 가치를 신중하게 정했다. 그러고 나서 실제 전투를 자신에게 유리한 방향으로 이끌었다. 이것이 바로 손자가 지리地利를 활용하는 방법이었다.

전쟁은 몇 년에 걸쳐서 비축한 인적·물적 자원을 짧은 기간에 집중적으로 사용하게 된다.(「용간」) 따라서 재정적 뒷받침이 없으면 아무리 강대국이라도 하더라도 승리를 거둘 수 없는 것이다. 유방은 항우와의 경쟁에 이겨서 한제국을 세운 뒤에 소하蕭何(257~193 BC), 한신韓信(?~196 BC), 장량張良(? ~186 BC) 등 쟁쟁한 신하들 중에 소하의 공로를 으뜸으로 쳤다. 그는 소하가 뒤에서 군량미 등 전쟁 물자를 차질 없이 공급했기 때문에 장군들이 안심하게 전쟁을 벌일 수 있었다고 보았기 때문이다.

손자는 하루에 천 금金이라는 막대한 비용이 있어야 10만 명의 군사를 움직여서 전쟁을 벌일 수 있다는 계산을 내놓았다. 이런 계산을 바탕으로 그는 속전속결을 목표로 삼았고, 원거리의 장기전을 피하고자 했다. 그는 이 과정을 다음과 같이 추론식으로 이야기했다. 군대가 원거리 전쟁을 벌이면 물자 보급 노선이 길어지고, 이로 인해 백성들에게 부담을 늘리게 되며, 이로 인해 물가 상승이

| 소하 | 한신 | 장량 |

세 사람은 전한 고조 유방을 도와서 항우를 꺾고 진제국 붕괴 뒤의 혼란을 수습했다. 소하는 전투를 직접 벌이지 않고, 후방에서 병사와 식량 등 전비물자를 안정적으로 공급했으며, 통일 이후 유방으로부터 최고의 평가를 받았다. 한신은 불우한 시절을 보냈고, 먼저 항우 진영에 가담하였다가 대우를 받지 못해서 유방 진영으로 왔다. 그 뒤 소하의 추천을 받아서 바로 대장군으로 임용되어 혁혁한 전공을 세웠다. 장량은 유방 진영을 대표하는 책사이자 전략가였다. 이들은 삼걸三傑이라 불릴 만큼 유방의 개국에 지대한 영향력을 끼쳤다.

일어나게 되니, 국가 재정이 바닥나게 된다. 결국 국민 소득은 30%로 줄어든다.(「작전」)

손자는 먼저 전쟁이 엄청난 재정을 필요로 한다는 사실을 파악하고서 그것이 국가 경제와 국민 생활에 구체적으로 어떤 부정적 파급 효과를 낳는지 계산해 내고 있다. 이에 따라서 그는 전쟁 개시의 시점, 전장의 선택, 전투의 유형, 전쟁의 기간, 종전의 결정을 내릴 때 최선의 선택을 했던 것이다.

◆ 손자, 정보전의 가치를 알아차리다

전쟁은 적과 관련되어 수집된 정보가 많으면 많을수록 유리하다. 적의 동선을 파악한다면 미리 유리한 공격 지점을 선택하여 아무런 대비를 하지 못한 적을 급습할 수 있다. 손자는 이와 관련해서 '용간用間', 즉 간첩(스파이)을 활용하는 기법을 대단히 중시했다. 그는 어떤 대상을 간첩으로 활용하여 정보를 어떻게 수집하느냐에 따라, 간첩을 인간因間, 내간內間, 반간反間, 사간死間, 생간生間 다섯 부류로 구분했다. 인간은 상대의 일반 주민을 이용하는 것이고, 내간은 상대의 공무원을 매수하는 것이고, 반간은 이중간첩을 말한다.

손자는 용간을 활용해서 공격 지역의 수비 지휘관, 보좌관, 심부름꾼, 문지기, 호위병의 인적 사항까지 파악하고자 했다.(「용간」) 이러한 세세한 정보가 바탕이 되어 아군은 적의 진영을 내집처럼 드나들 수 있고, 천 리 밖에서 적이 무엇에 대비하고 있는지 자신의 손바닥을 들여다보듯 훤히 꿰뚫을 수 있다. 만약 손자가 물리적 충돌에서 이기는 전략을 채택했다면 정보전의 가치를 알아보지 못했을 것이다. 그는 엄청난 물자가 들어가며 승패가 불확실한 전쟁의 특성을 잘 알고 있었기 때문에 정보전의 중요성을 보다 더 깊이 이해했다. 이로 인해 손자는 전투를 치른 뒤에 승패를 겨루는 충돌전의 양상에서 전투를 치르기 전에 승패를 가늠하는 정보전 양상으로 전쟁의 패러다임을 바꿀 수 있었다.

이밖에도 손자는 기후의 중요성을 알아차렸고(「계」), 지도자가 백성들로 하여금 한 마음을 가지고 전쟁을 벌이도록 하는 사회적 결속의 가치를 역설했다.(「계」) 또한 손자는 백성만이 아니라 지휘관과 병사들이 전장에서 심리적으로 어떻게 동요하게 되고 어떻게 안정되는지 관찰했다. 그는 이를 바탕으로 적을 끊임없이 교란하고 불안하게 만들어 아군에게 쉬운 승리를 거두고자 했다.

오늘날로 보면 손자는 군사학만이 아니라 사회, 정치, 경제, 경영, 재정, 조직, 정보, 지리, 기후, 심리 등 수많은 분야에 관심을 두었다고 할 수 있다. 이것이 바로 그가 군사학의 대가가 될 수 있었던 비결이다. 즉, 그는 군사학에 뛰어났을 뿐만 아니라 평소에 지형, 재정, 경제 등등의 다양한 분야에 관심을 두고서 세심하게 연구한 뒤에 그 지식을 군사학의 분야로 탁월하게 재해석해 냈다.

스티브 잡스는 IT 분야에서 혁명을 일으킨 힘으로 인문학을 자주 거론한다. 그는 인문학에 관심을 가졌으며 그 관심으로 인해 얻어진 지식을 IT 분야로 재해석해 냈다. 기업 경영에서도 자신의 분야 이외에 관심을 갖는 것을 외도라고 한다. 그러나 오늘날처럼 변화의 요인이 많고 변수가 증가하는 상황이라면 경영만이 아니라 경영 이외의 세계에 관심을 가져야 새로운 모델을 만들어 낼 수 있다. 어찌 보면 손자나 잡스는 평생 배움을 놓치 않았던 평생 학습의 실천자이고, 다른 분야를 끊임없이 넘나들며 그 지식을 다시 자신의 세계로 가져와 활로를 찾았던 간통間通의 선구자였던 것이다.

파괴 없는 온전한 승리가
최상의 승리이다

포스트 시즌의 야구는 전쟁과 닮은 점이 많다. 정규 시즌은 한 번 지더라도 다음에 이기면 되지만 포스트 시즌은 한 번 지면 다음이 없기 때문이다. 특히 5전 3선승제의 경우 한 팀이 2패에 몰리면 그 다음에 모든 역량을 다 쏟아 부어서라도 패배를 막아야 한다. 우리는 올해(2013년) 넥센과 두산, LG와 두산의 포스트 시즌과 MLB의 애틀란타와 LA다저스, 세인트루이스와 LA다저스의 포스트 시즌에서 벼랑 끝에 몰린 팀의 생존술을 톡톡히 볼 수 있었다.

한편 『손자』의 첫 구절에서 "군사 문제는 국가의 중요한 일이다. 죽느냐 사느냐가 갈리는 땅이고, 살아남느냐 망하느냐가 갈리는 길이다. 이러니 군사 문제를 세밀히 살피지 않을 수가 없다."

2013년 프로야구 한국시리즈 삼성 우승

두산은 3승을 거두고서도 나머지 1승을 거두지 못해 삼성에게 우승을 넘겨 주었다. 한 경기의 승패로 모든 것이 결정되므로 포스트 시즌에는 선수와 코치진의 심적 부담이 다른 때의 몇 배가 된다. 우승은 이전의 긴장과 고통을 한꺼번에 날려 보내는 약이 될 것이다. 머리를 싸매고서 작전을 만들고 모자라는 부분을 메우려고 노력한 끝에 승리를 거두는 것이다. 즉, 승리는 경기장 이전에서부터 시작된다고 할 수 있다. 이렇게 보면 스포츠와 전쟁은 유사한 측면이 있다.

(「계」)라고 하듯이, 전쟁은 국가의 사생, 존망과 직결된다. "이번에 패하더라도 다음에 이기면 되지!"라는 여유가 전쟁에선 통하지 않는 것이다.

◆ 야구의 포스트 시즌과 전쟁의 닮은 점

그런데 전쟁과 포스트 시즌의 야구에서 내일이 없다는 절박감 때문에 장군과 감독이 뒷일을 고려하지 않고 모든 역량을 쏟아 붓는 것이 최선일까? 초짜라면 당연히 그렇게 해야 하지 않느냐고 반문할 것이다. 그러나 손자라면 "상대를 알고 나를 알면 백 번 싸우더라도 위태로워지지 않는다."[76]라고 했듯이 상황이 그렇게 악화되도록 방치하지 않을 터이고, 최악의 상황에 놓인다고 하더라도 적의 허점을 노려서 극적인 반전의 길을 찾아내지 무모한 총력전을 펼치지는 않을 것이다.

LA다저스는 디비전시리즈에서 MLB 최고의 투수 커쇼를 3일 쉬게 한 후 경기에 등판시켜서 승리를 일구어 냈지만, 챔피언시리즈에서 커쇼는 제 기량을 발휘하지 못하고 패배를 떠안았다. 무리한 등판이 결국 부진을 불러온 것이다. 수나라 양제는 100만 이상의 대군으로 고구려와 첫 번째 전쟁을 벌여서 처음에 우세를 차지하다가 결국 을지문덕의 지략에 말려 대패를 했다. 이후에도 두 차례나 더 전쟁을 벌이려다가 번번이 실패했다. 처음에 쉽게 이길 수 있다는 판단이 잘못으로 드러났지만, 다시 상처 입은 자존심의 회복에 혈안이 되어서 전쟁의 타당성을 제대로 검토하지 않는 것이다.

---

76) 「모공」: "知彼知己, 百戰不殆."(유동환, 92)

을지문덕

을지문덕은 수나라 양제의 대군을 물리쳐서 고구려의 위기를 극복했다. 그의 작전을 보면 손자의 전략을 자유자재로 구사하고 있음을 알 수가 있다. 강한 적과 정면으로 싸우지 않고, 적을 피로에 빠지도록 내지로 깊숙하게 유인한 뒤에 지리적 이점을 활용해서 최후의 반격을 가했던 것이다. 을지문덕에 대해서는 많은 사람들이 알고 싶어하지만, 『삼국사기』 등에는 을지문덕의 어린 시절이나 사생활에 대해서 알 수 있는 자료가 없다. 다만 평안도 일대에서 그에 관한 전설들이 전해 오고 있을 뿐이다.

이를 두고 결과론적인 비판이라고 할 수도 있을 것이다. 하지만 수나라 양제처럼 연이어서 전쟁을 벌이는 것도 한 가지 선택지이겠지만, 다른 선택지를 찾을 수는 없는지 우선 검토해 볼 필요가 있다. 이런 측면에서 손자는 전쟁의 특성을 잘 알아야 한다면서 지전知戰의 필요성을 강조했다. 지전에는 전쟁을 치르기 이전에 준비하는 단계와 전쟁을 벌여서 승리를 이끌어 내는 단계뿐만 아니라 전쟁을 끝낸 뒤에 수습하는 단계까지 포함되어 있다.

손자는 당장 눈앞에 있는 전쟁의 위기를 수습하기 위해 우왕좌왕할 것이 아니라 전쟁과 그 전후前後를 동시에 고려할 것을 요구한다. 따라서 손자라면 커쇼를 써서 승리를 거둔 뒤까지도 고려할 것이고, 양제가 고구려에 초반 승리를 거둔 이후까지도 고려할 것이다. 즉, 앞뒤 상황을 빼놓고 지금만 주목하는 것이 아니라 전후 맥락을 고려하여 전체 판세를 읽어 내야 하는 것이다.

◇ 전쟁은 전전戰前, 전중戰中, 전후戰後 모든 것을 고려한다

이제 손자가 전쟁을 염두에 두면서도 얼마나 전후의 문제까지 함께 고민하고 있는가를 살펴보도록 하자.

> "군사를 써서 전쟁을 하는 중에 적국의 전력을 보전한 채 이기는 것이 최상이고, 적국의 전력을 파괴하고서 이기는 것이 차선이다. 적군의 전력을 보전한 채 이기는 것이 최상이고, 적군의 전력을 파괴하고서 이기는 것이 차선이다."[77]

언뜻 생각하면 이해가 되지 않아 고개를 갸웃거릴 수도 있다. 전쟁의 목적이 최대한으로 적의 전략을 파괴하여 아군에게 다시 대항하려는 의지를 완전히 꺾어놓는 데 있다고 생각되기 때문이다. 전쟁이 보복전의 성격을 띤다면 파괴는 응징의 집행으로 볼 수 있다.

통일 전쟁 또는 해방 전쟁을 수행한다면 파괴는 전쟁 이후에

---

77) 「모공」: "全國爲上, 破國次之, 全軍爲上, 破軍次之."(유동환, 84)

복구해야 할 막대한 비용을 낳는다. 또 파괴를 일삼는다면 승리국이 된 뒤에도 잔인한 파괴자의 이미지를 떨칠 수 없을 뿐만 아니라 패배한 나라의 민심도 얻지 못하게 된다. 이처럼 손자는 통일을 목적으로 전쟁을 수행하고 있으므로 전쟁 이후를 고려하여 파국破國과 파군破軍보다 전국全國과 전군全軍, 즉 적의 전략과 자원을 고스란히 보전하여 전후의 고통을 최소화시키고자 했던 것이다.

이 지점에서 우리는 전승을 일구어 내는 전쟁 기획자 또는 전쟁 기술자 손자의 이미지와 다른 측면을 엿볼 수 있다. 손자도 '파국'과 '파군'의 상황을 완전히 배제하지는 않지만, 그것은 어디까지나 최선이 아니라 차선일 뿐이다. 따라서 손자는 전쟁을 파괴 지향적인 폭력의 대결로 보지 않고 '전국'과 '전군'을 통한 평화를 의도에 두고 있다고 볼 수 있다.

우리는 손자를, 미국의 베트남 파병을 반대하며 "평화에 이르는 길은 없다. 평화가 길이다."라고 말했던 A. J. 머스트와 같은 평화주의자로 볼 수는 없다. 그렇다고 손자를 무자비한 살상과 철저한 파괴를 즐기는 전쟁광으로 볼 수도 없다. 그는 전쟁만이 세상의 모든 문제를 해결할 수 있다는 전쟁 만능론자가 아니다. 그는 전쟁의 가치를 부정하지는 않지만 평화의 가치도 완전히 배제하지 않았다. 그는 둘의 양립 가능성을 끝까지 모색했다.

이제 "지피지기, 백전불퇴"(知彼知己, 百戰不殆)만큼이나 널리 알

영화 「지옥의 묵시록」

베트남 전쟁은 미국인에게 엄청난 인문학과 영화의 텍스트였다. 영화만 해도 「플래툰」,
「굿모닝 베트남」 등이 있다. 우리나라의 경우도 「하얀 전쟁」, 「님은 먼 곳에」 등이 있다.
영화를 만드는 사람마다 베트남 전쟁은 다른 모습과 색깔로 나타난다. 전쟁에 참여한 군
인들의 황폐한 의식, 미국의 본모습, 전쟁 범죄 등등. 「지옥의 묵시록」은 거츠 대령이 군
의 통제를 벗어나서 캄보디아에서 자신만의 왕국을 건설하자 그를 제거하는 임무를 가진
윌라드 대위를 축으로 이야기를 풀어가고 있다. 전쟁의 경우 초기는 선악의 구분이 비교
적 선명하지만 시간이 흐를수록 선악이 뒤엉키면서 군인조차도 자신이 뭘 위해서 싸우는
모르게 된다.

한국 전쟁으로 파괴된 시가지

사진을 보면 모든 것이 잿더미로 변해 버렸다고 할 수 있다. 수직은 없고 모든 것이 수평으로 바뀌어 버렸다. 부수느라 비용이 들었던 만큼 다시 세우느라 비용을 들여야 한다. 생물 중에서 이렇게 인간만큼 잔인하고 멍청한 부류는 없을지도 모른다. 우리는 '한강의 기적'을 들먹이며 다시 일으켜 세운 것에 환호작약할 것만이 아니라 철저하게 부쉈던 우리 안의 야만을 진지하게 성찰해야 한다. 손자도 재건설의 낭비를 알기 때문에 무조건 파괴를 긍정하지 않았던 것이다.

려진 손자의 주장을 들어 보자.

> "따라서 백 번 싸워서 그때마다 이기는 것은 최선의 최선이 아니다.
> 적과 싸우지 않고 적의 병력을 굴복시키는 것이 최선의 최선이다. 최
> 선의 전쟁은 계책으로 이기고 차선은 외교로 이기고 차차선(차악)은
> 군사 대결로 이기고 최악은 적의 성을 무너뜨려서 이기는 것이다. 공
> 성의 방법은 다른 길이 없어서 어찌 할 수 없는 경우에 써 먹는다."[78]

   손자는 전쟁에서 이길 수 있는 모든 가능성을 철저하게 검토하
기 때문에 처음부터 원천적으로 어떤 길도 배제되지는 않는다. 즉,
그는 파괴를 전혀 고려하지 않는 평화지상주의자도 아니고 평화를
조금도 생각하지 않는 전쟁지상주의자도 아니다. 그렇다고 평화와
전쟁 중 어느 쪽으로도 치우치지 않는 중도론자도 아니다. 그는 상
황에 가장 충실하게 선택을 하지만 아군의 피해만이 아니라 적의
피해까지 최소화시킬 수 있는 길을 최선으로 간주하고 있다. 간명
하게 표현한다면 현실적 평화주의자라고 할 수 있겠다.

---

78) 「모공」: "是故百戰百勝, 非善之善者也; 不戰而屈人之兵, 善之善者也. 故上兵伐謀, 其次伐交, 其次
伐兵, 其下攻城. 攻城之法, 爲不得已."(유동환, 84~87)

◆ 온전한 승리를 기획하다

손자는 왜 공성을 최악의 전쟁이라고 했을까? 방어하는 쪽이 식량과 식수를 확보하고 있다면 성을 파괴할 화력이 없는 한 공성전은 공격이 수비보다 훨씬 어렵다. 공성전을 벌이려면 운제雲梯와 같이 강고한 성채를 파괴하기 위한 무기를 만드는 데 3개월이 걸리고, 성안을 살피기 위해 망루를 쌓느라 3개월이 걸린다. 이렇게 무기를 준비하고 망루를 쌓는 중에 병사는 병사대로 장수는 장수대로 심리적으로 불안하고 초조해진다. 마지막으로 지상으로부터 높이 있는 성벽을 기어올라 성안으로 침투하는 중에 병력의 1/3이 죽지만, 그렇다고 성을 꼭 손에 넣는다고 보장도 못한다. 이렇게 위험 부담이 엄청나기에 손자는 공성을 피하고자 했던 것이다.

서두에서 야구 이야기를 했으므로 이번에는 축구 이야기를 해보자. 지금 우리나라는 7회 연속 월드컵 본선에 진출했다. 처음에는 월드컵 본선 진출 자체가 뉴스거리였다. 하지만 2002년 한일 월드컵에서 우리나라는 4강에 올랐다. 이젠 본선 진출보다는 16강, 8강, 4강 등 상위 성적을 바라게 되었다.

이런 희망에도 불구하고 우리나라는 본선의 조 추첨이 끝나고 경기가 시작되자마자 한 게임 한 게임 '온 힘'을 다해서 조별 리그전을 통과하려고 한다. 혹시 1차전에서 지면 다음에는 온 힘도 모자라 '사력'을 다하여 '총력전'을 펼치게 된다. 하지만 월드컵 우승 경험이 있거나 상위 시드의 국가 대표팀은 리그전에서 졸전을 펼

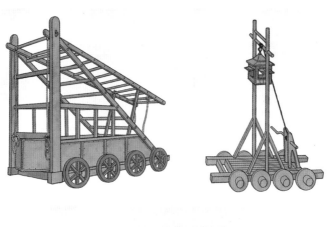

운제, 소차, 분온차 등 공성전 도구

현대전에서 성의 전략적 가치는 그리 크지 않다. 그러나 총기와 화기가 나오기 전에 성은 난공불락의 요새였다. 튼튼한 성은 적은 병력으로도 많은 병력을 상대할 수 있는 보루였다. 따라서 당연히 성이 있는 한 성을 공격하는 공성 도구가 개발될 것이고, 성을 수비하는 수성 도구가 개발될 것이었다. 운제雲梯는 사다리를 이용해서 높은 성벽을 타고 오를 수 있는 공성 도구이다. 소차巢車는 새집 모양의 관측소를 곤돌라를 이용해서 위아래로 움직인다. 이를 통해서 소차 안 병사의 안전을 지키면서 성안의 상황을 정찰할 수 있다. 분온차轒輼車는 분온(수레)을 타고 성안의 공격을 막으면서 성벽 가까이 다가갈 수 있는 도구이다. 분온차는 『손자』와 『묵자』에도 나오는 것으로 일찍부터 전쟁에 사용되었다.

치는 경우가 허다하다. 그들은 탈락의 위기에 몰리지 않는 한 리그전에서 전력을 다하지 않는다. 그들은 리그전을 가볍게 통과하고 난 뒤 16강 이후의 토너먼트에서부터 서서히 실력을 발휘하기 시작한다.

리그전에서부터 사력을 다하는 것이 손자의 공성攻城에 해당된다면, 토너먼트에서부터 실력을 발휘하는 것은 벌병伐兵(전쟁을 통해 적을 제압하는 것) 이상에 해당된다. 팀의 에이스를 아끼고 후보 선수 위주로 경기를 풀어간다면 벌모伐謀(계책으로 전쟁을 이기는 것)가 되고, 에이스를 모두 동원한다면 벌공伐攻(화력을 집중해 단시간에 전쟁을 끝내는 것)이 될 것이다.

손자가 축구 대표팀의 감독이라면 공성으로 리그전 통과를 겨냥하지 않고 벌모로 우승을 겨냥할 것이다. 전력의 집중과 분산, 증강과 절제를 상황에 따라 운용할 수 있기 때문이다. 이제 기업 경영도 커다란 희생을 낳는 공성보다 경쟁과 협력을 동시에 고려하는 벌모의 지략에 주목해야 하지 않을까?

손자와 오나라의 비극적 최후
― 뜻밖인가 예상대로인가

스포츠나 TF 팀이 최상의 구성원으로 짜이면 흔히 '드림팀'이라고 한다. 신흥 세력 오나라가 백거 전쟁에서 전통 강국 초나라를 멸망 직전으로 몰고 갔을 때 오나라의 지휘부도 드림팀이라고 할 만하다. 손자와 같은 지휘관, 오자서와 같은 야심가, 합려와 같은 지도자가 있으니 그 나라는 어떻게 되었을까? 일견 오나라는 당시의 국제 정세를 주도하는 패자霸者가 되거나 아니면 분열의 시대를 끝내고 통일의 시대를 연 주역이 되었으리라 추측해 볼 수 있다.

그러나 결론부터 말하면 백거 전쟁이 오나라 국력의 정점이었고, 그 이후로 오나라는 쇠퇴의 길을 걷다가 결국 멸망했다. 국토는 갈가리 찢겨 이웃의 여러 나라에게 분할되었다. 백거 전쟁 이후

손자 기념 우표 5종
손자상, 오궁교전, 오전입영, 애릉지전, 황지회맹

오나라가 오자서, 손자, 합려가 합작하여 초나라를 대파하고 중원 지역의 맹주 자리를 넘보게 되었다. 그 과정에서 있었던 굵직굵직한 사건들을 이 우표가 소재로 삼고 있다. 손자는 손무를 말하고, 오궁교전吳宮敎戰은 손자가 오나라의 궁전 안에서 궁녀를 부대로 편성하여 지휘하는 모습을 합려에게 시범으로 보여주는 장면이고, 오전입영五戰入郢은 오나라가 다섯 차례 싸워서 초나라의 수도 영으로 진군하는 장면이고, 애릉지전艾陵之戰은 오나라가 초나라와의 전쟁에서 승리를 거둔 후 북쪽의 제나라와 전쟁을 벌이는 것이고, 황지회맹黃池會盟은 오나라가 중원 지역의 패자 노릇을 하는 국제 회담을 그린 것이다.

손자(손무)는 기록에서 갑자기 실종되어 종적이 묘연하고, 합려도 월나라 구천과 대결하다가 중상을 입고 사망하게 된다. 도대체 백거 전쟁 이후에 무슨 일이 일어났길래 손자와 합려 그리고 오나라의 운명은 급전직하의 길을 걷게 되었을까? 여기서는 오나라 내부의 분열과 경쟁국 월나라의 성장이라는 두 가지 이유를 살펴 보기로 하자.

◆ 오나라의 역사를 일별하다

오나라 내부의 분열을 들여다보기 전에 먼저 『사기』에 나타난 오나라의 역사를 간단히 살펴 보자.(「오태백세가」) 주나라 태왕太王에게 태백太伯, 중옹仲雍, 계력季歷 세 아들이 있었다. 태왕이 똑똑한 막내 계력을 후계자로 삼으려 하자, 두 형은 오나라의 지역으로 도망가서 문신을 하고 머리를 자르는 등 야만인 흉내를 냈다. 이후 태백은 완전히 토착화에 성공했고, 또 토착민의 추대를 받아 왕이 되었다.

태백의 19대 오왕 수몽壽夢에게는 아들인 제번諸樊, 여제餘祭, 여말餘眛, 계찰季札이 있었다. 수몽이 현명한 막내에게 왕위를 물려주고자 했지만 계찰은 완강하게 거절했다. 그러자 형들이 차례로 왕을 하고 나서 마지막에 계찰이 왕이 되게 하려고 했다. 그럼에도 계찰은 다시 완강하게 거절했고, 결국 여말의 아들 요僚가 왕이 되었다.

수몽壽夢(19대) ─┬─ 제번諸樊(20대) ── 광光(24대) 합려闔閭 ── 부차夫差(25대)
　　　　　　　　├─ 여제餘祭(21대)
　　　　　　　　├─ 여말餘眛(22대) ── 요僚(23대)
　　　　　　　　└─ 계찰季札

오나라 왕위 계승도

계찰

계찰李札은 오나라 수몽의 아들로서 왕위 계승을 거부했다. 그는 정치보다는 인문, 예술에 관심을 가지고 있었다. 일례로 그가 노나라 등 중원 지역의 나라를 예방하고 그 나라의 음악 공연을 본 적이 있었다. 그는 그 자리에서 음악마다 품평을 내놓아서 중원 지역의 내로라 하는 학인學人을 깜짝 놀라게 만들었다. 왕위 계승을 보면 능력이 없으면서도 야망이 있는 왕자도 있고, 능력은 있지만 야망이 없는 왕자도 있다. 계찰은 후자에 해당되는 인물이다.

제번의 아들 광光은 삼촌 계찰이 왕이 되지 않으면 자신이 정당한 후계자라며 평소 오왕 요에게 불만을 품고 있었다. 그는 잔치를 핑계로 요를 집으로 초대하여 기회를 엿봐서 요를 죽이고 스스로 왕이 되었다. 그이가 바로 백거 전쟁의 주인공 중 한 명인 합려였다.

합려가 손자, 오자서와 함께 백거 전쟁에서 초를 공격하여 마지막 결정타를 날리려고 할 때 상황 반전이 일어났다. 오나라의 남쪽에 있는 월나라가 빈틈을 타서 오나라를 공격해 왔고 진秦나라는 초나라에게 구원병을 보냈다. 이로써 합려는 초나라에 결정타를 날리지도 못하고 자국으로 돌아오기도 못하는 어정쩡한 상태에 놓이게 되었다.

이때 설상가상으로 그의 동생 부개夫槪마저 합려를 배신했다. 그는 돌연 오나라로 돌아가서 '왕'으로 자립했다. 참으로 긴박한 순간에 오나라는 내우외환의 위기에 빠지게 된 것이다. 합려는 초나라에 대한 공격의 미련을 버리고 환국하여 부개를 공격하니 부개는 패한 뒤에 초나라로 도망갔다.

◆ 오나라 급성장의 비밀

오나라의 급성장에는 인적 요소 이외에 또 다른 요인이 있었다. 전국시대 초나라는 중원을 향한 북진 정책을 추진했다. 진晉나라는 그러한 초나라의 전략을 막기 위해서 분주했다. 주로 군사적으로 대응하기도 했으며, 그 외에도 초나라의 동쪽에 있는 오나라에 군사 지원을 하여 초나라의 북진을 좌절시키고자 했다. 초나라가 오나라에 신경 쓰느라 중원 진출의 욕망을 꿈꾸지 못하게 하려 하는 심산이었다.

또한 진나라는 호용狐庸을 군사 고문으로 오나라에 보내서 전쟁을 하는 법, 전차를 모는 법 등을 전수해 주었다. 차츰 오나라는 중원의 선진국 진나라의 군사적 지원을 바탕으로 초나라와 대결할 수 있는 군사력을 키워갔다. 이로써 진나라는 자신이 나서지 않아도 초나라를 견제하는 효과를 거두었던 것이다.

이렇게 보면 오나라는 외부의 지원과 내부의 개혁을 통해 패권국을 넘보게 되었지만, 나름대로 취약점도 가지고 있었다. 첫째, 왕위 계승의 불안정이다. 오나라는 왕위 계승이 장자長子 상속과 말자末子 상속 그리고 형제 상속 등으로 복잡하게 이루어져 있었다. 평화의 시기도 왕위 갈등으로 인해 위기를 초래하는데, 위기의 상황에서 왕위 갈등은 대외적으로 적극적인 시도를 할 수 없게 만들 뿐만 아니라 외부의 간섭까지도 초래할 수 있었다.

둘째, 외부의 지원과 외부의 인재가 오나라 전력의 많은 비중을 차지했는데, 손자와 오자서가 사라진다면 전력이 급감하게 돼 있었다. 따라서 왕과 외부의 인재가 대립한다면 오나라의 국정과 전력은 수습할 수 없는 나락으로 떨어질 수밖에 없었다.

바로 백거 전쟁의 최종 국면에 오나라에서는 우려하던 일이 생겨나고 말았다. 합려와 부개가 대립하여 부개가 초나라로 망명하고, 손자는 이유도 없이 실종되었으며, 합려의 사후에 부차는 월나라의 이간책에 놀아나서 오자서를 자살하게 만들었다. 부차가 한때 구천勾踐을 멸국의 상황으로 몰아넣었다고 하더라도 오나라는 멸망의 길을 걷지 않을 수 없었던 것이다.

◆ 월나라, 오나라의 성장을 벤치마킹하다

오나라가 급성장할 즈음에 오나라의 남쪽에 자리한 월나라의 성장세도 무시하지 못할 정도였다. 국력이 오나라에 미치지는 못하지만 오나라가 빈틈을 보이기만 하면 공격을 할 정도로 큰 힘을 가지고 있었다. 이 때문에 '오월동주吳越同舟'와 '와신상담臥薪嘗膽' 등의 고사성어가 생겨났다.

백거 전쟁 이후로 초나라와 오나라, 오나라와 월나라는 작은 충돌을 가졌지만 정세는 소강 국면을 맞이했다. 전력을 비축한 월나라가 균형을 깨고 오나라 수도 고소성姑蘇城(오늘날 장쑤성 쑤저우)을 침략하여 오나라 군을 대패시켰고, 합려도 발가락에 부상을 당했다. 합려는 상처가 낫는 듯하다 재발하여 죽고, 아들 부차夫差가 후계자가 되었다.

그렇다면 월나라는 어떻게 오나라의 강력한 견제에도 불구하고 급성장하여 결국 오나라를 멸망시킬 수 있었을까? 월나라에는 합려에 견줄 만한 구천이라는 지도자가 있었고, 손자와 오자서에 뒤지지 않는 범려范蠡와 문종文種이 있었다. 범려와 문종은 원래 초나라 완宛 출신이다. 이에 따라 진나라가 오나라를 지원하여 초나라를 견제했던 것처럼, 초나라가 월나라를 지원하여 오나라를 견제하려고 했다는 이야기도 있다.[79] 이 이야기는 상당히 설득력은 있지만 아직 뚜렷한 증거가 없다.

월나라는 오나라의 선례를 모방하는 후발자의 이점을 톡톡히 누렸다. 특히 범려와 문종은 구천이 득의에 찼을 때 절제를 말하

---

79) 유동환 옮김, 『손자병법』, 홍익출판사, 1999; 개정판 12쇄 2011, 250쪽.

호구탑

전설에 따르면 부차는 월나라와 전쟁에서 상처를 입고서 죽은 아버지 합려를 호구탑虎丘塔에 장사지냈다고 한다. 장사 지낸 뒤 3일째 되는 날 호랑이가 이곳에 웅크리고 앉아 있었다. 그 뒤 장지를 호구산虎丘山이라 부르고, 줄여서 호구라고 불렀다. 훗날 후주後周에서 착공하여 북송 때에 탑을 완성하면서 그것을 호구탑이라 고쳐 불렀다. 윈옌사탑雲岩寺塔이라고도 한다. 호구탑 주위에는 합려와 관련된 많은 전설이 담겨 있다.

고, 실의에 빠졌을 때 인고忍苦를 말하고, 결단이 필요할 때 냉정을 요구하는 등 적절한 도움을 주었다. 구천이 오나라와의 숙원을 풀기 위해서 늘 복수를 외치면 범려는 브레이크를 걸어서 더 많은 준비가 필요하다는 점을 일깨웠다. 인고의 시간을 보낸 뒤는 구천은 오나라를 선제 타격하여 대패를 안기고 합려에 부상을 입혀서 죽게 만들었다. 이제는 부차가 월나라와의 숙원을 갚기 위해서 치를 떨며 군사 훈련을 했다. 부차의 예봉을 꺾기 위해서 구천은 범려의 반대에도 불구하고 오나라를 공격했다가 대패를 당해서 마지막 보루인 회계산會稽山에서 5천여 명의 병사와 함께 포위되었다. 구천은 실의에 빠져서 "내 운명은 여기서 끝나나 보다!"(吾終於此乎!)라

중화TV 드라마 「손자대전」

「손자대전」은 손자의 일대기를 그린 35부작의 드라마이다. 손자는 중국과 우리나라 모두
에서 인기 있는 드라마의 주제이다. 『손자』를 읽기가 어렵다면 드라마 시청으로 대신할
수도 있다.

고 약한 소리를 했다.

문종은 순간의 치욕을 이겨내서 미래를 기약하자며 구천을 설
득했다. 구천은 처음에 문종의 제안을 받아들이려고 하지 않았다.
문종의 거듭된 설득 끝에 구천은 부차에게 신하를 자처하며 항복
을 했고 문종이 무릎걸음으로 기면서 부차에게 관용을 빌었다. 이
덕분에 구천은 사면을 받아 월나라로 돌아와 몰래 전력을 키울 수
있었다.

구천 범려 문종

월나라의 구천勾踐, 범려范蠡, 문종文種은 오나라의 합려와 부차, 손무, 오자서에 맞설 만한 진용이다. 오나라가 먼저 치고 나왔고 월나라는 그런 오나라를 벤치마킹하면서 결국 오나라를 멸망시켰다. 오나라와 월나라 모두 삼두마차 체제로 승리를 거둘 수 있었다. 하지만 오나라는 초나라와 백거 전쟁에서 승리를 거두고 월나라와 대결하면서 합려가 죽고 부차가 왕이 된 이후 이전처럼 삼두마차의 체제가 원활하게 작동하지 않았다. 월나라는 그 틈을 노려서 오나라를 멸망시켰다.

아울러 월나라는 오나라에서 월나라에 강경한 오자서와 월나라에 유화적인 백비伯嚭를 이간질했다. 월나라는 백비에게 뇌물을 줘서 오자서를 모함하게 했다. 부차는 사실을 제대로 알아보려고 하지도 않고 촉구검屬鏤劍을 보내서 오자서로 하여금 자살을 하게 만들었다.(「월왕구천세가」)

이렇게 손자가 실종되고 오자서가 자살하고 부차가 냉정한 판단을 잃고 패자의 허황된 꿈을 꾸는 시간이 지속되었다. 그 시간에 구천은 착실히 국력을 키워서 오나라를 멸망시켰다. 구천은 오

문종의 무덤

월나라가 오나라를 멸망시킨 이후에 구천이 많은 보상을 제의했지만 범려는 그걸 사양하고 은퇴의 길을 걸었다. 자신의 종적을 감추었던 탓에 구천과 대립하는 일이 생기지 않았다. 범려는 문종에게도 은퇴를 권유했지만 문종은 승리의 결실을 맛보다가 결국 죽음을 맞이하게 되었다. 외부의 적을 제거하고 나면 내부의 공신이 경쟁자로 보이게 되기 때문에 협력 체제가 갈등 체제로 뒤바뀌게 되는 것이다.

나라를 멸망시킨 뒤에 오나라의 영토 중 회하淮河를 초나라에 넘기고, 오나라가 침탈했던 송나라의 땅은 송나라에, 노나라의 땅은 노나라에 돌려주었다. 아울러 그는 주나라 천자에 공물을 바쳤다. 이로써 구천은 오나라가 합려와 부차가 꿈꾸었던 패자의 위용을 누렸던 것이다.

손자가 병법에서 말하고 추구했던 가치의 최고 수혜자는 오나라가 아니라 역설적으로 오나라의 경쟁자였던 월나라였다. 월나라는 백비를 포섭하여 오나라의 월나라에 대한 강공책을 누그러뜨렸을 뿐만 아니라 오나라 전력의 핵심 인물 오자서를 제거할 수 있었다. 이는 손자가 병법의 마지막 편 「용간用間」에서 말한 간첩(스파이)의 활용이라고 할 수 있다.

오나라의 손자와 오자서, 월나라의 범려와 문종의 마지막을 살펴 보자. 오자서와 문종은 '승전' 이후에 권력 투쟁의 과정에서 희생되었다. 두 사람은 전쟁을 알지만 정치와 인간을 몰랐던 것이다. 범려는 "새 사냥이 끝나면 좋은 활도 감추어지고, 영리한 토끼 사냥이 끝나면 사냥개를 삶아 먹는다."라는 토사구팽兎死狗烹의 정치와 구천의 관상이 "함께 어려움을 나눌 수 있지만 즐거움을 함께 할 수 없다."[80]는 인간의 심리를 읽고서 은거의 길을 걸었다. 손자는 아무런 흔적도 없이 사라졌다. 과연 누구의 인생이 뜨겁고 행복했을까?

---

80) 『사기』「월왕구천세가」: "蜚鳥盡, 良弓藏. 狡兔死, 走狗烹. …… 可與共患難, 不可與共樂."

이 책의 글이 나오게 된 내력을 말씀드리면 다음과 같습니다. 이 글의 밑바탕이 되는 원고는 경제 주간지『매경 이코노미』의〈신정 근의 동양철학 톺아보기〉에 총20회에 걸쳐서 연재되었습니다.『논 어』와『손자』두 책에서 중요한 개념과 사상을 각각 열 가지씩 뽑 아서 원고지 20여 매씩 썼습니다. 2부로 나뉘어 실린 공자와 손자 의 글은『논어』와『손자』로 나아가는 가이드 역할을 충실히 할 수 있으리라고 봅니다.

공자와 손자 부분의 원고 연재를 마친 뒤에 각 편의 글에서 수 정할 부분은 수정하고 보완할 부분은 보완하고 새로 집필할 부분은 다시 집필했습니다. 전체적인 글의 연결을 위해서 『매경 이코노미』에 없던 서문과 세 편의 글을 추가로 집필했고, 글과 관련된 그림과 사진 그리고 지도를 싣고 그 설명을 달았으며, 참고문헌과 각주를 달았습니다. 또 시각 자료가 없는 경우 출판사에서 삽화를 그려 넣었습니다. 동아시아 문화와 관련해서 시각 자료를 찾기가 쉽지 않다는 것을 실감했습니다. 하지만 이번 보충 작업으로 글이 짜임새 있고 깊이 있게 되었다고 할 수 있습니다. 그 결과 분량이 원래 원고지 400여 매에서 800매를 상회할 정도 두 배 가까이 늘어나게 되었습니다.

따라서 이 책은 『매경 이코노미』에 연재되면서 세상의 빛을 보내 되었습니다만 그것과 똑같지 않고 확대·발전된 꼴이라고 할 수 있습니다. 아울러 이 책은 『신정근 교수의 동양고전이 뭐길래?』에서 다루었던 시각을 확대시킨 꼴이라고도 할 수 있습니다. 당시엔 동양 고전마다 원고지 30~40매의 분량으로 다루었는데, 여기서는 같은 시각을 유지하면서 300~400매까지 확대시켰습니다.

『매경 이코노미』에 연재할 때는 공자와 손자 각 10편과 전체의 연관성을 크게 의식하지는 않았습니다. 이번에 책으로 묶으면서 공자는 현실에서 실패했지만 역사(유교 국가)를 만들어 냈고, 손자는 현실(전승)에서 성공했지만 역사(패권국, 통일)를 만들어 내지 못했다는 대비를 뚜렷하게 부각시켰습니다. 특히 두 사람은 중국을 넘어서 각각 동아시아의 문文과 무武의 세계를 대표하는 인물입니다. 이 때문에 훗날 두 사람은 접점이 없는 철로처럼 대립적 시각의 프레임에 갇혀 있었습니다. 그래서 이 책에서는 두 사람이 같은 사상을 말할 수는 없지만 어떻게 서로 통하고 어떻게 서로 갈리는지를 밝히고자 했습니다. 왜냐하면 이것이 바로 두 사람의 실상이기 때문입니다.

이 대비는 많은 분들의 질문과 궁금증에 답하는 것이기도 합니다. 학교 안팎의 강연에서 사람들은 공자가 춘추시대에 실패했는데 왜 2천여 년의 역사에서 사라지지 않고 주류로 자리매김하게 되었는지 누차 물었습니다. 또 손자는 완벽한 병법 이론을 완성해 놓고 왜 실제 전쟁을 많이 지휘하지 않았고, 오나라를 통일 대국으로 키우지 못했느냐고 자주 물었습니다. 당시는 간략하게 설명하고 넘어갔지만 이 책에서 그 대답을 들려 드리게 되었습니다.

원고를 의뢰하고 다시 지난 4월 〈수요포럼 인문의 숲〉의 해남·강신 답사 내내 옆자리에서 이야기를 나눈 전호림 국장님과 매주 원고를 보내면 실수를 바로 잡아주며 이야기를 나눈 노승욱 기자님에게도 감사드립니다. 좋은 인연의 끈을 만들어 주시느라 분주하신 〈수요포럼 인문의 숲〉의 배담임샘과 향학열이 뜨거운 학생 여

러분에게도 감사드립니다. 매주 한편의 글을 쓰면 바로 옆에서 읽
으면서 부족한 곳을 족집게처럼 찾아내서 바로잡아 준 반자에게
고마움을 전합니다. 재주도 없고 인격도 모자라면서 이런 저런 일
을 벌여 놓으면 보이는 곳에서나 보이지 않는 곳에서나 언제나 한
마음으로 도와주고 함께하는 분들이 산처럼 있기에 새로운 도전에
주저하지 않고 생각의 길을 열어 갑니다. 늘 감사드립니다. 마지막
으로 '강연과 공연'의 새로운 길을 함께 걸어가는 (사)선비정신과
풍류문화연구소와 성균관대학교 동양철학과의 성원들의 격려를
늘 따뜻하게 느낍니다.

한 해를 새로 맞이하며
여여 신정근 씁니다

신정근 편역,『공자씨의 유쾌한 논어』, 사계절, 2009.

유동환 옮김,『손자병법』, 홍익출판사, 1999; 개정판 12쇄 2011.

이병호 옮김,『손빈병법』, 홍익출판사, 1996; 3쇄 1998.

박경환 옮김,『맹자』, 홍익출판사, 1999.

유 소, 이승환 옮김,『인물지』, 홍익출판사, 1999.

『국어國語』,『순자』,『사기』

— · — · —

강준만,『갑과 을의 나라』, 인물과사상사, 2013.

김충영,『전쟁영웅들의 이야기(고대 동양편)』, 두남, 2003; 개정판 1쇄 2012.

데즈몬드 모리스, 과학세대 옮김,『맨 워칭—인간행동을 관찰한다』, 까치, 1994.

리링, 김갑수 옮김,『집 잃은 개—논어 읽기 새로운 시선의 출현』, 글항아리, 2012.

마쥔, 임홍빈 옮김,『손자병법 교양강의』, 돌베개, 2009.

루스 베네딕트, 김윤식 · 오인석 옮김,『국화와 칼: 일본문화의 틀』, 을유문화사, 2008.

박찬철 · 공원국,『인물지—제왕들의 인사 교과서』, 위즈덤하우스, 2009; 4쇄 2012.

시부사와 에이치, 노만수 옮김, 『논어와 주판』, 페이퍼로드, 2009.

이수광, 『오자서 열전』, 아리샘, 2012.

이중톈, 박주은 옮김, 『품인록』, 에버리치홀딩스, 2007.

성균관대학교 박물관 제25회 기획전 『공자 성적도─그림으로 보는 공자의 일생』, 2009.

王圻·王思義 編, 『三才圖會』(全3冊), 上海古籍出版社, 1988; 2005 4쇄.

郭磬·廖東 編, 『中國歷代人物像傳』(全4冊), 齊魯書社出版, 2002.

──·──·──

신정근, 「『논어』에 대한 경영학적 해석─시부사와 에이치의 『논어와 주판』을 중심으로」, 『동양철학연구』 61권, 2010.

남덕현, 「關羽숭배의 근원」, 『중국연구』 제52권, 2011.

시대와 거울—포개어 읽는 동양 고전 01

공자와 손자, 역사를 만들고 시대에 답하다
문무의 세계를 대표하는 두 거장의 이야기
1판 1쇄 발행 2014년 1월 30일
1판 3쇄 발행 2015년 8월 30일

지은이 | 신정근
발행인 | 정규상
펴낸곳 | 사람의무늬 · 성균관대학교 출판부
주소 | 110-745 서울특별시 종로구 성균관로 25-2
등록 | 1975년 5월 21일 제1975-9호
전화 | 02)760-1252~4 팩스 | 02)762-7452
홈페이지 | http://press.skku.edu

ISBN 979-11-5550-033-0 03150
        979-11-5550-032-3 (세트)
값 15,000원